品质课程聚焦丛书

王雪梅　杨四耕　主编

提升
学校课程品质

孙　波◎主编

全国教育科学"十三五"规划课题

"区域推进中小学品质课程建设的实践研究"

（课题编号 FHB180571）之研究成果

华东师范大学出版社

·上海·

图书在版编目（CIP）数据

提升学校课程品质 / 孙波主编. —上海：华东师
范大学出版社，2022
（品质课程聚焦丛书）
ISBN 978-7-5760-2596-5

Ⅰ.①提… Ⅱ.①孙… Ⅲ.①课程建设–教学研究–
中小学 Ⅳ.①G632.3

中国版本图书馆CIP数据核字（2022）第034902号

品质课程聚焦丛书

提升学校课程品质

丛书主编 王雪梅　杨四耕
主　编　孙　波
责任编辑　刘　佳
项目编辑　林青荻
特约审读　李小敏
责任校对　陈梦雅　时东明
装帧设计　卢晓红

出版发行　华东师范大学出版社
社　　址　上海市中山北路3663号　邮编 200062
网　　址　www.ecnupress.com.cn
电　　话　021-60821666　行政传真 021-62572105
客服电话　021-62865537　门市（邮购）电话 021-62869887
地　　址　上海市中山北路3663号华东师范大学校内先锋路口
网　　店　http://hdsdcbs.tmall.com

印 刷 者　上海展强印刷有限公司
开　　本　787×1092　16开
印　　张　16.5
字　　数　144千字
版　　次　2022年6月第1版
印　　次　2022年6月第1次
书　　号　ISBN 978-7-5760-2596-5
定　　价　52.00元

出 版 人　王　焰

（如发现本版图书有印订质量问题，请寄回本社客服中心调换或电话021-62865537联系）

丛书总序

自2015年以来，我们在合肥市蜀山区推进"品质课程"项目，致力于学校课程文化变革，改变区域课程改革生态。这些年，我们深刻地感受到，课程是一种文化存在，文化是课程的存在方式和存在本身。

怀特海指出，过程是世界万物固有的本性。[①]在他看来，"事件"和"事物"不同：事件是唯一的，是不可重复的；而事物则是自然之物，是永恒的。[②]据此，我们认为，课程文化不仅仅是事物的集合，更是事件的生成。我们可将课程文化理解为事件之展开而非仅仅是事物之集合，由此所展现的将是课程文化要素、课程文化形态、课程文化主体共同构成的一幅立体兼容的文化图景。

从"事物"角度看，课程文化是课程形态和课程实践蕴含的价值、信仰、规范以及语言等文化要素的合生体，这些文化要素构成了课程文化的基质。因此，课程文化是一种信仰、一种语言、一种规范、一种眼光、一种思维方式、一种处理问题的方式，它们具体表现为课程精神文化、行为文化、制度文化以及物质文化。课程文化要素的相互摄入以及微观生成，构成学校课程文化变革的内在过程。在怀特海看来，把具体要素据为己有的每一过程叫作摄入。[③]"摄入"理论从微观层面说明了现实存在自我生成的内在机制。

课程精神文化、行为文化、制度文化以及物质文化诸要素相互摄入进而存在于另一存在之中，成为相互依存的合生体。在这个合生体中，课程精神文化是最核心的、最深层的、根部性的文化要素，是课程物质文化、制度文化与行为文化的价值凝练和理念引领。课程制度文化是具有中介性质的文化，它联结课程物质文化和行为文化，既是课程物质文化的制度保证，又是课程

① 怀特海.过程与实在：宇宙论研究（修订版）[M].杨富斌，译.北京：中国人民大学出版社，2013.
② 陈奎德.怀特海哲学演化概论[M].上海：上海人民出版社，1998.
③ 杨富斌，等.怀特海过程哲学研究[M].北京：中国人民大学出版社，2018.

行为文化的规约机制。课程行为文化是课程文化的表现，既受课程精神文化的直接影响，又受课程制度文化的现实规范。课程物质文化处在表层，是课程精神文化、课程行为文化和制度文化的空间和载体。如此，课程文化诸要素相互摄入、相互作用，共同构成课程文化的深层结构。

课程文化变革过程包含"物质性摄入"与"概念性摄入"，[①]这两种摄入是多维关联的重构过程，其中微观生成是生动活泼而丰富多彩的。一般地说，学校课程文化诸要素之间的相互摄入，其中课程精神文化居于核心地位，它体现于其他各要素之中。课程文化变革可以从课程文化的部分要素开始，以点带面，但要实现课程文化彻底转向，或要真正提升学校课程品质，就必须整体协调课程文化之各要素，就要以"文化的眼光"或"思维方式"进行这种摄入行动的思考和判断。

以上是课程文化的"事物观"及其变革机理。在这里，我想再说一个观点，那就是：课程文化不是简单的要素组合，而是一个展开的事件。正如巴迪欧在《存在与事件》一书中所言：真理只有通过与支撑它的秩序决裂才得以建构，它绝非那个秩序的结果；我把这种开启真理的决裂称为"事件"；真正的哲学不是始于结构的事实（文化的、语言的、制度的等），而是仅始于发生的事件，始于仍然处于完全不可预料的突现的形式中的事件。[②]从"事件"角度看，课程文化是一个不可能重复出现的生成过程，处于不断运动变化之中。作为"事件"的课程文化之真理即是在完整的课程实践中成就人、发展人和完善人。

课程文化是学校里公开的或隐蔽的信念、行为、习惯和价值观等要素相互"包含""进入""创造""构成"的"合生"事件，它融合了课程的物质和精神两个层面的意涵，它不仅包含课程意识、课程理念、课程价值等内隐的精神文化形态，而且包含学校课程实践过程中所创造的课程物质、课程制度以及课程行为等外显的文化形态，是诸要素相互参与和多维互动的创造过程，是"事件"的生成与发生过程——因为"文化的每一个方面都是一个能够改

---

① 怀特海认为，对现实存在的摄入——其材料包含着现实存在的摄入——叫作"物质性摄入"；对永恒客体的摄入叫作"概念性摄入"。参阅：杨富斌，等.怀特海过程哲学研究［M］.北京：中国人民大学出版社，2018.

② Alain Badiou. Being and Event［M］. London: Continuum International Publishing Group, 2006.

变文化的创造源，都是非常主动的创造性力量"①。

一种文化首先意味着一种眼光，眼光不同，对所有事情的理解就不同。②课程文化是我们做事的眼光、处事方式或思维习惯，是生长着的"事件"，是我们理解课程实践、推进课程变革的眼光。当然，课程文化虽然是一个"事件"，但在本体论意义上，课程文化仍然是一种不易感知的实在。人类学家指出，人们一般意识不到他们身边的文化，因为此类文化表现为平常的生活，表现为看上去正常和自然的东西。文化以无意识的状态或者说未被检查的状态悄悄地让我们做出选择、进入生活。③

但是，这并不妨碍我们认识课程文化，我们仍然可以用智慧感知课程文化的存在，我们仍然可以用眼睛捕捉课程物质文化、制度文化、行为文化和精神文化。课程物质文化是以物质形态存在的设施和空间，这是课程文化赖以存在的物质基础与场域条件；课程制度文化是学校制定的规约课程实践的活动程序和价值规范，是学校课程变革过程中形成的价值体系和活动规则；课程行为文化是行为主体在长期的课程实践过程中形成的处理课程事务的一以贯之的行为方式，这种行为方式具有长期稳定性、潜意识性和无需提醒等特点；课程精神文化是学校课程文化的核心，是主导学校课程实践的理念和精神，通常会借助富有哲理的语言加以概括。这些课程文化要素，我们可以"看见"它们的合生性存在，也可以"分辨"它们的原子性存在。

我们的结论是：课程与文化有着天然的血肉联系，凡是课程变革一定是文化变革，没有文化内核的课程变革很难取得成功；文化变革需要课程建设支撑，没有课程支撑的文化变革是不可思议的。怀特海指出，现实存在就是合生，每一个现实存在都不是只有一种元素的简单的存在，不是原子论意义上的存在，而是由诸多要素构成的合生或有机体。④在学校课程变革过程中，课程与文化二者"合生"即生成课程文化。课程与文化的"合生"设计，是学校课程文化变革的重要方法。

在具体操作上，推进学校课程文化变革有两条道路可供选择。第一条道

---

① ② 赵汀阳.赵汀阳自选集［M］.桂林：广西师范大学出版社，2000.
③ 约瑟夫，等.课程文化［M］.余强，译.杭州：浙江教育出版社，2008.
④ 怀特海.过程与实在：宇宙论研究（修订版）［M］.杨富斌，译.北京：中国人民大学出版社，2013.

路是自上而下的演绎道路，实现从文化概念到课程设计的"合生"。首先确定学校课程哲学，包括学校课程理念、课程愿景、育人目标和课程目标。其次，厘定学校育人目标和课程目标。再次，梳理学校课程框架，设计学校课程内容。复次，活跃学校课程实施，使课程功能最大化。最后，把握学校课程评价和管理。如此，课程文化建设是从文化概念建构开始的，由此展开学校课程整体规划，实现从文化概念到课程设计的"合生"。

第二条道路是自下而上的归纳道路，实现从课程实践到文化逻辑的"合生"。学校课程文化建设实际上也是学校文化决策过程，每一所学校都有自己的文化背景，包括周边的文化资源、历史传统、现实经验，这是学校课程文化变革的客观基础，也是学校课程哲学生长的土壤，"土质"的不同导致学校课程哲学追求的不同。在分析学校课程情境的基础上，对学生的需求进行调查，了解现有课程的实施情况，发现学校课程中存在的问题；根据学校课程情境分析和学生需求调查，形成学校课程哲学，明确学校的育人目标和课程目标；基于课程价值需求分析，建构学校课程框架与体系；布局学校课程实施的多维途径和多种方式，确保课程实施的有序与有效；制定一套课程管理制度，保障课程变革顺利推进；制定一套评估方法，对课程品质进行评估。这是由课程实践到文化逻辑的"合生"过程。

合肥市蜀山区"品质课程"项目实践表明，学校课程文化变革可以是演绎式，也可以是归纳式。演绎式可理解为"概念先行——实践验证"方式；归纳式可理解为"实践探索——归纳提升"方式。课程是具有情境性和价值负载的文本，学校课程文化变革宜采取"理论、研究与实践互动"的方式。这种方式不完全依赖于概念或理论，也不脱离学校实际情境。在学校课程实践中，以学校课程情境为基础，以课程的实际问题为切入点，以理论为指导，以概念为圆心，边研究边行动，在实践中总结提炼，又在实践中加以验证与改造，在理论与实践的互动互补、碰撞对话中生成学校独有的课程文化框架。

马克思说："全部社会生活在本质上是实践的。凡是把理论引向神秘主义的神秘东西，都能在人的实践中以及对这种实践的理解中得到合理的解决。"①

---

① 马克思恩格斯选集（第1卷）[M].中央编译局，译.北京：人民出版社，1995.

合肥市蜀山区"品质课程"项目探索告诉我们：实践是课程文化价值实现的根本途径，是推进学校课程文化变革的关键力量。学校课程文化变革必须为行动提供充分的理据，从而使得行动趋于合理化，增强学校文化变革的认同感和一致性。在某种意义上，这也是一种文化自觉。

杨四耕

2021年2月5日于上海市教育科学研究院

目录

　　课程自知是人们对课程情境的自觉理解，对课程理念和愿景的清晰判断，对课程育人目标的理性认识，对课程内容和框架的基本认识，对课程实施路径和方位的整体把握。这种自知建立在对国家教育政策的充分理解、对学校教育现状的准确把握、对工作持之以恒的热心之上。

　　学校课程变革需要全面洞察学校课程自在的外部环境，需要完整把握课程自在的文化处境，需要清晰认识课程变革的制度环境和现实可能，进而意识到哪些是可为的，哪些是不可为的；哪些是必须做的，哪些是可选择的；哪些是自己即可为的，哪些是需要制度支持的。

第三章　　全面的课程自审　　　　　　　　　—— 59

自审就是自己审查，全面的课程自审是基于已有课程自知和自在基础之上的自我审查，课程理念愿景的合理与否，课程培养目标的科学解读，课程内容框架的适切程度，课程路径方位的再度检验，而最可实施操作的正是对课程目标的审查，目标体现着理念愿景，决定了课程的内容框架，内容框架又制约着课程实施的路径方法。

第四章　　积极的课程自为　　　　　　　　　—— 87

课程自为意味着我们对课程自在的不满足，意味着我们开动脑筋积极谋划学校整体课程变革，意味着我们积极挖掘学校课程变革空间，意味着我们通过直面本己的课程实践培育新的文化，意味着我们在积极的卷入中推进课程深度变革。

第五章　　适时的课程自励 ── **109**

　　课程自励是一种主动的进取、坚强的意志，具备此种精神，课程才会不断发展、提升，以自励为信念，才会以坚强的意志探索不息，奋斗不止，进取不辍，让课程在改革中绽放光彩。这种自励，属于校长、属于教师、属于学生，属于课程中的每一个参与主体。

第六章　　深刻的课程自省 ── **157**

　　课程自省是关于课程的自我评价、反省和调控，是孔子提出的一种自我道德修养方法在教育领域、课程方面的应用。课程自省应以一定的教育理念为基础，以课程与课程实施的关系为切入点，善于就课程的各个方面进行自我评价，而在及时评价后的反省、调控于课程发展必不可少。

第七章　　持守的课程自立　　　　　　— 187

课程自立是一个人能认识到课程变革是自己的事，有自己的立场、自己的创见，自持自守，不为外力所动，不随波逐流。其本质上是在课程自知、课程自在、课程自为以及课程自省的作用之下，依靠自己的自觉和力量对课程实践有所贡献，并在此过程中逐渐提升自己的课程能力和专业成熟度，基于行动确证自己的"课程人"地位。

第八章　　扎实的课程自觉　　　　　　— 201

课程自觉，是人们基于对课程的理性认识，为课程品质的提升而有清晰的目标意识和科学的路径观念，自觉参与课程变革实践的理性之思与理性之行，是在课程觉察醒悟过程中逐渐形成的自我创造，是一种一以贯之的思考与行动，当一所学校有了扎实的课程自觉，这所学校便能实现长久的发展。

前言　品质是向好的倾向

作家林清玄说过，生活品质是一种求好的精神。① 一直以来，提升品质都是做人的追求、企业的标语，这是求好精神在日常生活中的体现。课程是一所学校教书育人的蓝图，是学校所有工作的核心，提高教育质量，重视学校课程品质建设，则是求好精神在教育领域的体现。

如何提升学校课程品质，首先要探究课程实施中存在哪些问题。尽管课程改革已经实施了很多年，但被动盲目、缺乏逻辑的学校改革还普遍存在，② 具体表现如下：

一是开发脱离学校实际。每个学校的发展基础不同，课程方向也应有所差异。然而，一些学校缺乏对本校课程发展基础的分析，课程开发脱离学校实际，未结合当地文化，更没有关注学生的成长需求、教师的课程实施能力，结果导致课程实践时问题重重，难以达到预定目标。

二是理念有待实践检验。课程改革首先是正确理念的树立，现阶段，学校提出的办学理念与传统的课程理念有诸多不同，实践初期需要得到广大教育工作者的认同，如此，才能建立内在协调的课程体系。

三是目标缺乏育人意识。一些学校在制定课程目标时忽视了育人目标的实现，把学生看做冰冷的机器，不能关注学生的全面发展需求，课程目标依旧像传统教育一样，强调知识技能的习得，缺乏育人意识。

四是结构不够完善全面。学校的课程体系框架尚未成型，需要进一步加强课程顶层设计，构建完善的课程结构以促进学生全面发展。尤其是作为国家课程改革重点的学校课程，没有形成系统的课程体系，都是碎片化的实施，

---

① 林清玄.什么才是有品质的生活［J］.党员文摘，2019（11）：1.
② 杨四耕.迈向3.0的学校课程变革［J］.中国教师，2016（22）：64-67.

难以促进学生核心素养的形成。

五是设置没有合理分类。学校所设置的课程种类很多，但是缺乏对课程的深入研究，课程并未进行合理的分类，相互之间缺乏关联，要么是碎片化实施，要么就是课程拼盘化操作，难以起到整体育人的效果。[①]

六是实施忽视学生兴趣。课程实施方式单一，主要是传统的课堂教学，虽有知识拓展、兴趣小组为辅助，但是对学生感兴趣的户外旅行、社团活动、主题节日、志愿服务、综合实践、动手操作体验等方式用得很少。

七是实践缺少认证评估。课程实践缺乏具体的评价考虑，学校往往比较重视结果的评价，忽视了对实践过程的认证评估，此外，评价主体单一，很难起到以评价改进决策、推进课程实施的效果。

八是管理难以适应改革。新的课程改革对学校、教师、学生甚至家长提出了不同的要求，但学校管理理念落后、制度不配套、落实不到位，故而管理监督效益低下，办学效益不高。

一切事物日趋完善的过程，都是不断改革与提升的过程。追求有品质的课程也是学校课程不断完善的过程，是学校文化不断创生与发展的过程。因而，提升学校课程品质，应从适当的改革开始。

提到以改革提升学校课程品质，这就需要我们再次明晰几个概念，何谓"品质"？何谓"课程品质"？"品质"一词，多指人的素质或是物品的质量，作家林清玄给生活品质做了一个新的界定，即在一个有限的条件下寻求该条件最好的风格与方式，[②]基于此，我想说，"课程品质"同样如此，它是在一个有限的学校环境下去探求课程实施的最好风格与方式，在外，有敏感直觉找到课程规划如何更好适应社会的发展诉求、受教育者的身心特点；在内，则能在明晰学校的内在条件之后找到最适宜课程实施的方案。它同样是一种因长久培养而形成的求好的精神，这种精神的主体是每一个教育工作者。

回归到教育领域，课程品质是伴随课程改革而来并且体现了课程

---

① 杨四耕.迈向3.0的学校课程变革 [J].上海教育，2016（34）：71-73.

② 林清玄.什么才是有品质的生活 [J].党员文摘，2019（11）：1.

改革理念的一个概念，多用来表达对课程质量、课程价值意义的评价和追求。

近年来，对课程品质的内涵作明确界定的主要有三类，一是认为："课程品质是知识、文化、教学资源等在某一课程中所表现出来的内在的、稳定的、本质性的内涵，具有指向性、制约性的特点，对课程表现以及课程效益的发挥具有重要的影响。"① 二是认为：可以从两个方面理解学校课程品质，"一方面就学校课程功能而言，是学校结合办学目标与培养目标，在课程与教学实践中规范地运用课程论、教学论、文化资源过程中表现出来的稳定的质量特征与精神性；另一方面就学校课程内部结构而言，具体指学校课程整体规划过程中表现出来的质量与精神特点，主要从学校课程整体设计科学、课程实施过程高质量、课程评价多元以及注重学校课程文化构建四个方面进行整体动态性的评价与衡量。"② 三是认为："学校课程品质是学校课程形态、课程结构、课程内容、课程方式等元素对课程利益相关者所具有的意义的实现程度，是课程中蕴含的教育、社会、时代等价值的一种特定的、个性化的综合呈现。"③

综上，这些概念界定都关注到了课程并非仅仅针对学科内容而言，它包括学校学科总和及其进程安排，因此，我们可以把课程品质理解为学科内容及其实施过程中一切与之相关因素的质量特征与精神特点，比如课程目标实现程度、课程体系完善与否、课程实施效果如何、课程评价执行情况、课程管理效益高低等。

要提升课程品质，需要怎样的变革？我们认为，学校需在清晰的课程自知、透彻的课程自在下进行全面的课程自审，基于课程自审的结果予以积极的课程自为，还要有适时的课程自励、深刻的课程自省，达到持守的课程自立，最终走向扎实的课程自觉境界。

总而言之，对于基础教育阶段学校而言，有品质的课程应该具有以下共性：一是有理念，理念应是基于培养学生的核心素养而形成的课程哲学；二是有体系，体系需是严密逻辑优化整合的结构设置；三是有关怀，关怀是对

---

① 焦雅萍.论新课程理念下的课程品质及评价标准［J］.教学与管理，2011（21）：84-85.
② 肖林元，李亚娟.中小学课程品质提升的内涵及路径探析［J］.教育导刊，2014（2）：72-75.
③ 沈曙虹.学校课程品质的内涵与评价维度［J］.江苏教育研究，2018（12A）：3-9.

学生成长需求、生活世界的人文关注；四是有深度，深度是学校对课程管理、教师对课程实施、学生对课程内容的主动探究。最为重要的是，有品质的课程时刻体现着一种精神———一种求好的精神。

甘香瑞

2021 年 3 月 5 日

第一章

课程自知是人们对课程情境的自觉理解，对课程理念和愿景的清晰判断，对课程育人目标的理性认识，对课程内容和框架的基本认识，对课程实施路径和方位的整体把握。这种自知建立在对国家教育政策的充分理解、对学校教育现状的准确把握、对工作持之以恒的热心之上。

清晰的课程自知

　　明确方向，是行动的第一步，新时期，基础教育不断深化改革，而发展是既定基础上的再提升，因而，明辨课程方向、清晰课程基础是发展的关键。提升学校课程品质，必须有清晰的课程自知。

　　课程自知是人们对课程情境的自觉理解，对课程理念和愿景的清晰判断，对课程育人目标的理性认识，对课程内容和框架的基本认识，对课程实施路径和方位的整体把握。[①]这种自知建立在对国家教育政策的充分理解、对学校教育现状的准确把握、对工作持之以恒的热心之上，这无疑是一个艰难的过程。于校长而言，课程自知要清晰学校的历史文化、师资配置、生源基础、硬件设施、课程内容与课程实施中可能存在的问题以及如何应对这可能出现的种种问题。于教师而言，课程自知是对课程的自觉思考，对学校育人目标的理性认识，确立丰富的课程育人观。

　　于清晰的课程自知而言，对课程愿景的清晰判断尤为重要，每个人都有一定的理想，这个理想决定着他努力和判断的方向；而每种行动都应有一定的愿景，这个愿景决定着他在从事这项任务时努力和判断的方向。办学愿景往往是一个看似虚无缥缈的口号，以致于很多学校在课程实践中忽视了对学生真实生活的关注。早在20世纪，陶行知便从我国国情出发，提出"生活即教育"，明确告诉我们生活是教育的源泉，教育不能脱离生活。[②]而办学实践过程中，一些脱离生活实际的办学愿景使其失去了本来的意义，办学愿景仅仅成了一个虚无缥缈的口号。

　　改变这种现状，需要我们学习用具象化的方式想象、观察、分析与建构课程。教师要善于以具象化的愿景为自己指明方向、提供动力。学校要基于学校的课程方向，清晰学校办学文化的顶层设计，以一定的教育哲学为支撑，形成具体的课程理念。在确定办学理念的基础上，明晰学校今后一段时期的办学愿景。这正是清晰课程自知的体现。

　　如合肥市蜀山区五十中学西校集团，他们有着清晰的课程自知：课程即情感需求、生命成长、分享文化、学习旅程以及教育智慧。口号让他们联想到他们希望的生活图画，给予他们感动，带给他们动力。

① 杨四耕.自主性变革：走向课程自觉的美好境界［J］.中国教育学刊，2020（05）：66-70.
② 陶行知.生活教育（1934）［A］.中国陶行知研究会编.陶行知教育思想理论和实践［C］.合肥：安徽教育出版社，1991：72-73.

同时，他们清晰地认识到，"爱"是教育活动中最重要的要素，爱是教育的灵魂，没有爱就没有教育；他们清晰地认识到，"求真"是教育精神的核心，也是教育培养的目标。在五十中学西校的办学历史上，一直弘扬"爱"的教育理念，"求真"的优良传统。提升学校课程品质，必然要有清晰的课程自知，找到自己信奉的课程哲学，才能以愿景映照实践。

（撰稿者：甘香瑞）

合肥市五十中学西校教育集团（简称五十中学西校）成立于2003年，以安徽省动力厂学校、安居苑小区配套中学为基础整合创办。目前拥有贵池路、合作化路2个校区，与合肥市经济开发区合作开办合肥市五十中学西校教育集团高刘分校，成为合肥市教育资源均衡化发展的典范。办学以来，毕业生的优秀率、升学率以及提高率一直位居全市前列，得到了学生、家长和社会的广泛赞誉，于2019年被评为安徽省教育系统先进集体。

第一节

进入学校课程情境

　　课程自知首先是建立在对学校课程发展现状的准确把握上的，因此，明晰学校课程发展情境至关重要。

一、学校课程发展的优势

（一）清晰的办学理念为学校课程发展奠定了基础

　　五十中学西校的校训和教学理念为"大爱于心，致真于行"。"爱"是教育行为最重要的核心因素，没有爱的教育不是真正的教育。[①]在五十中学西校的办学历史上，一直弘扬爱的教育理念，教师深爱学生，为学生的发展无私奉献；教师也深爱着教育事业，为教育的发展贡献心血和智慧。以"大爱于心"为学校文化建设的核心理念，一方面要继承优良的传统，另一方面要把"爱的教育"发扬光大。教育之爱应是大爱、博爱，更是真爱，不仅存在于师生之间，还广泛存在于教师之间、同学之间。教育之爱还包括对自我生命和精神的关爱，为每位师生的身心健康成长创造良好的条件。教育之爱还有师生对社会的大爱，我们关心社会公共事务、承担社会责任；教育之爱还有师生对自然的大爱，我们关心生态，为了世界的可持续发展做出努力。

　　"求真"一直是五十中学西校的优良传统。求真同样是教育精神的核心，也是教育培养的目标。以求真的精神教育培养真人是我们一直以来孜孜不倦

---

① 李镇西.教育如童话般美丽——《重读苏霍姆林斯基》节选（上）[J].河南教育（教师教育），
2021（04）：6-7.

追求的目标。

"致真于行"蕴含三层意义。（1）求真是科学研究的核心体现。学校在传播科学知识的过程中，要以符合"真理"为最高准则。师生在学习和教研等方面要尊重真理，以真理为最高衡量法则。（2）求真是师生创造的源泉。教育不仅是传承知识，还要生成新的知识。在此过程中，要谨遵"真"的原则，不以书上内容作为权威，而是以实践作为检验的标准，为创新教育教学方法、创新知识提供宽松的氛围和良好的条件。（3）"真"体现在人的意识品格培养上，倡导做"真人"，保持本真，追求本色。

（二）优质的教师资源为学校课程建设提供了保障

五十中学西校拥有一批适应新时代发展需要的教师队伍，学校现有教职工219人，以中青年教师居多，呈现了年富力强的特点。其中，研究生学历26人，其余全为本科学历。近年来学校教师共有30余人被评为合肥市学科带头人或骨干教师，500余人次在各级各类课堂教学评比中获奖。在省级以上刊物公开发表教育科研论文100余篇，撰写论文获省市区级奖励200余篇，主讲省市示范课、观摩课、各类讲座100多节次。优质的教师队伍，为学校蓬勃发展带来了生机和活力，为学生搭建发展的高台、培养名优人才夯实了基础。

（三）扎实的学科课程和校本课程为学校课程建设积累了经验

五十中学西校的发展史上，向来重视课程建设，在开齐国家课程的同时还一直坚持开发实施具有本校特色的一系列校本课程，如七年级的入学教育课程、青春期教育课程、交通法制课程、研学游课程、地理学科的"天、地、人"课程；八年级的远足磨砺意志课程和"博士"课程；九年级的"感恩母校"课程等。学校的班会教育课程一直以来都被纳入学校教学计划，深受学生喜爱。扎实的学科课程为学生的成长奠定了良好的基础。

（四）优势的社区环境为学校课程建设提供了资源

五十中学西校坐落在安居苑小区、安徽大学和汉嘉都市森林、广利花园等高档小区的中心，南靠国防科技大学、陆军炮兵防空兵学院，北承安徽省高级人民法院、安徽省邮电职业学院及中国电子科技集团第38研究所，是中国科学院物质研究所的青少年科普活动基地，人文荟萃，环境优美，交通便利。这一切都为学校的发展提供了全方位有力的保障。

（五）丰富的社团活动为学校课程建设提供了平台

五十中学西校是安徽机器人培训先进学校，拥有合肥市第一支学生交响乐团，学校的心语社、书画社、天文社、舞蹈社、篮球社、足球社、生物社、观鸟社、文学社、合唱团等十几个学生社团为学生施展才华、张扬个性提供了广阔的舞台。

此外，学校每年都会组织学生走入社区、街道、部队、敬老院、法制教育基地等开展各种社会实践活动。每年在暑期开展研学旅行活动，并承担中美、中英、中加、中新、中韩等国际文化交流活动。多种社会实践活动，大大丰富了学生的生活，每一位学生都能从中体验到学习的快乐、成长的快乐、成功的快乐。

学校以独特的视角，多样的形式，深刻的内涵，通过学校文化思想全面展示了教育教学的累累硕果。五十中学西校已经成为合肥市素质教育的佼佼者。

二、学校课程发展的问题分析

（一）课程架构问题

五十中学西校一直以来有较为丰富的学科课程，但在实施过程中存在碎片化的不足，没有成为体系，没有一目了然的课程架构。因此，学校急需明确课程架构。

（二）课程观念问题

一些教师受应试教育的影响，认为只有参加中考的学科课程才是最重要的课程，其他都是可有可无的课程，在执行的过程中观念阻力较大。不少教师或视而不见、或力度较小、或手足无措，还有来自社会、家长及舆论等方面的阻碍，等等。

（三）课程能力问题

之前，学校课程开发并未得到重视，因为部分教师和学生习惯于依赖统编教科书，头脑里的惯性思维和传统教学观念无法一时改变，因而对学校课程开发产生消极的抵触情绪，随便开设几节课以应付上级检查，根本没有认识到学校课程开发是倡导一种新的课程开发和课程改革模式，其意义不仅在于开发出具体的课程产品，更重要的是在课程开发过程中，教师的教研能力以及学生的学习要求得到大大的提高和满足，学校的办学品质得到整体提升。

此外，学校课程实施与评价等能力也有待于进一步提高。课程开发实践要求教师具有一定的课程资源开发能力，如对课程资源的发掘能力、识别遴选能力、改造整合能力、创新生成能力等。因此，学校要多开展一些专题式能力素养的培训，如案例剖析、行动研究、示范引领等，以提高教师的课程开发、实施、评价的能力。

（四）资源利用问题

课程的开发和实施需要一定的课程资源，学校的课程资源既包含校内资源，也包含校外资源。校内资源主要包括优秀的师资力量和相应的配套设施，校外资源主要有周边的部队、政府部门、医院、高校、社居委等，目前利用比较好的有"钱学森"课程、"博士"课程、"天、地、人"课程、交响乐团课程及科技创新类课程，但总体来说利用还不够充分。

把握学校课程理念

对学校课程理念和愿景的清晰把握是课程自知的重要范畴，理解一所学校的课程必须理解一所学校的课程愿景和理念。

一、学校教育哲学：大爱教育

"没有爱，就没有教育"[①]，这是苏霍姆林斯基的名言。"大爱于心，致真于行"，既是我校的校训，也是办学理念。基于此，明确我校的教育哲学为"大爱教育"。

大爱是人类情感的最高境界。大爱铸就当代教育，大爱的传播和互递，成为推动教育价值追求和教育创新的动力源。大爱植根于每一个教育工作者的灵魂，植根于现代教育的核心价值理念，让每一个教师都能从教育事业中得到成就感和幸福感。

大爱教育体现在教师不仅仅看到每个学生的个体，更应看到学生的未来，要认识到每个学生都具有极大的发展潜能，要对学生充满期望和敬畏。教师要深刻认识到自己肩负的责任和使命，关注每一个学生，不放弃每一个学生，在传道授业解惑中，使自己的人生价值得到最大体现。要知晓自己不仅是为学校、家庭和社会培养人才，更为党和国家培养建设者和接班人。

大爱是教师素质之魂。我国教育一直把"爱生如子"作为一个优良传统

---

① 顾明远.教育人永远走在教育路上［J］.新课程教学（电子版），2020（02）：143-144.

加以发扬和继承，关爱和尊重每一个学生，用真心对待、用真情感化、用真诚影响，不让一个学生掉队，努力让每一个学生都享受到成功的快乐。

大爱是教育创新之魂，是教育创新的不竭动力源泉。教师应潜心研究学生身心发展规律和年龄特性，一腔热血，专注于培养学生的学习态度、学习习惯，激发学生的学习兴趣、创新思维，并引导学生树立高尚的道德品质，不断开展教育实践，培养创新人才，以适应新时代对全面发展人才的要求。教育创新要勇于探索，打破桎梏，反复研究和尝试新手段、新举措，不断改进教学方法和手段，推陈出新，力求找到适应时代要求和学生身心特征的新方法、新思路。教师的这种改革意识和创新精神，同样来源于对学生和教育事业的热爱。据此，我们认为大爱是教育创新的核心所在，教师作为世人的学术典范、学子的道德楷模，从选择教师职业那天起，就是选择了崇尚奉献、修身立德、以身作则、为人师表，教师的优秀团队应在爱生敬业、严谨治学、追求卓越、全面育人中铸就。教师应在传道、授业、解惑中凸显大爱本色。

大爱铸就教育，师生互爱是推动教育创新和发展的原动力，促使师生通过情感的交流、思想的沟通进行真理的启蒙，进而产生头脑风暴，最终达到创新的目标。唯有大爱的教育，才有教学的激情、快乐和创造。

大爱教育是美好的象征。它是冬日里的一抹暖阳，灿烂地照射在学生的心底；它是沙漠里的一片绿洲，给了莘莘学子前进的力量；它是旱地里久违的甘霖，滋润了学生的心田；它是一颗可理解的心，抚育着学生稚嫩的心灵。

我们认为，大爱教育即是蕴含育人核心的教育。爱可以创造教育的奇迹。每一位教师都应满怀爱心，平等、无私地对待学生，让每一个孩子都感受到爱的雨露。爱是教育的灵魂和生命。倾听每一种声音，静待每一朵花开，用爱去呵护学生，彼此信任、彼此尊重，相信孩子、赏识孩子，用大爱照亮孩子们前进的路。

我们认为，大爱教育即是博大的教育。爱是生命的彼此尊重。爱就是充实了的生命。失去了爱，生活就离开了轨道。爱是真挚的，是教师对学生最好的示范。

爱就是给学生自尊。苏霍姆林斯基说，教师对待学生的自尊心"要小心得像对待一朵玫瑰花上颤动欲坠的露珠"①。教师的爱，也要维护学生的自尊。

爱是师生之间心灵的沟通。教师的爱心会触碰学生的心灵，促使爱的传递，他们会以各种方式去温暖更多的人。爱是幸福的源泉。爱是理智的，智慧的，是引导学生身心健康发展的。

大爱教育即是富含韵味的教育。爱是教育特有的一种情调。"赠人玫瑰，手有余香。"真正的爱是理智的，是引导学生身心健康发展的。教育只有充满爱才能进入学生的内心深处。

爱是细致的呵护，是教师对学生细致入微的关照。爱是心灵的体验，是教师职业生涯中最美好的感受。大爱教育是伟大的，是教师师德的集中体现，教师只有用自己的爱和学生心灵碰撞，才能达到最完美的境界。

大爱教育是师生共渡难关的法宝。大爱教育是教育生活的催化剂。因为有爱，我们的幸福指数才能得到提高，享受爱是心灵的愉悦，爱别人更是一种高尚的品德。一句温馨的话语，一个关心的眼神，一个甜蜜的微笑……一切的一切都是满满的爱。爱，就是这么简单！

二、学校课程理念：向着大爱方向奔跑

我校的课程理念：大爱于心，致真于行。我们认为课程即情感需求、课程即生命成长、课程即分享文化、课程即学习旅程、课程即智慧旅程。

（1）课程即情感需求。当代教育教学的独特性之一就是从情感入手。苏霍姆林斯基认为："情感是获取知识的土壤和动力。"②布鲁姆把情感看作是影响教育过程的三大动力之一。③情感是人类心理活动中最活跃、最直观、最核心的因素，是个性结构中枢。因此，在育人活动中，能通过情感这一核心要素去抓住人的本质是最根本的教育行为。在一个人的成长过程中，行为的养成，情感起着主导作用。先成人后成才，一名学生首先要自身品德好，热爱祖国关心他人，否则，即使他的文化课成绩很好，但对其长远发展也是不利的，甚至会导致严重的后果。所以，学校教育首先要重视学生的情感教育，在此

---

① 李镇西.我的教育失误［J］.江苏教育研究：职教（C版），2010（03）：20-25.

② 解继丽，邓小华，王清泉.教育信息化促进教学改革的保障体系研究［M］.云南大学出版社，2015：277.

③ 冯丽丽.深度学习视角下深度教学研究［D］.湖北师范大学，2018.

基础之上去完成教书育人的任务。

（2）课程即生命成长。生活是不断发展的，而生命也是不断成长的。杜威指出："一个人离开学校之后，教育不应停止。"[①]而要达到这一目标，关键在于教师的教育行为和评价机制。教育是有生命的，教育的生命就在于传承、发扬、创新，在于合作、分享、交流。课程的价值追求包括生命的成长。求真表现为理解生命；求善表现为敬畏生命；求美表现为珍爱生命。课程引起的人与人、人与社会、人与自然的交往，就是各种精神能量的交换，这种交换类似于信息的交换，即付出但并不因此而减少，甚至付出者还可以"增值"。

（3）课程即分享文化。师生互动互应的教学过程，是教师与学生分享彼此的思考、理解，交流彼此的情感的过程，丰富教学内容、探究新的领域、取得新的发现，一个学习共同体就此诞生。如此，教师不再仅仅去教，学生也不仅仅是在学，通过课堂的互动和沟通，完成教学相长。对教学而言，分享意味着人人参与，意味着平等合作，它不仅是一个认知过程，更是平等的精神交流；对学生而言，分享意味着成为主体，解放个性，创造力得以松绑；对教师而言，分享意味着上课不仅是传道授业，还是一起分享一起探索，达到教学相长。因此教学是师生互助、互惠、共享的关系。

（4）课程即学习旅程。我们教学的重要目标之一是使学生理解和掌握正确的结论，因此教学必须重视结论。但教学中，必须经过学生提出质疑、进行比较、给出判断、确定选择等一系列过程，同时产生各种观点的分析、碰撞和争论，结论就难以获得，也难以理解、巩固。掌握学习方法，主动探求知识，善于发现、敢于质疑，是一种创造性学习过程。因此在我校的课程理念中，课程就是学生快乐学习的过程。

（5）课程即智慧旅程。智慧存在于教育中，教育的智慧之处在于用智慧去启发智慧，用创造去支持创造，用生命去呵护生命。随着科学发展而得到的教育思想，引申出独到且深刻的教育见解，再加上气势恢宏的教育改革，活泼生动的校园文化，以及生机勃勃的人文情怀，能够让人感受到教育的伟

---

① 全国教育科学"十五"规划教育部重点课题"学习潜能开发研究"课题组.关于学会学习（2000.1～2004.11）[J].上海教育科研，2004（S1）：2-80.

大内涵，即至真、至善、至美。此外，还让人体会到教育思想的提升，教育观念的更新，教育心态的开放，智慧的升华，以及内涵的积淀。为了提升学校课程的品质，提高学生的学习品质以及促进学校新课程改革的持续发展，培养富有课程领导智慧的教师群体是发展道路上必不可少的环节。五十中学西校的课程充分体现了丰富性、独特性、开放性和创新性，激发了师生的创造能力和智慧潜能，从而使课堂能够真正焕发出生命和活力。

基于此，课程应是通过师生互动、生生互动，共同发展的课堂。不但重视知识的获取过程，还注重情感体验和能力培养。这要求我们在教学中教材研读、教学设计以及评价方式都要关注到学生的发展，以提高学生的全面发展为主旨，这才是课程的最终目标。

第三节

细化学校课程目标

　　一切课程都是为了实现育人目标的。因此，认真设计学校的育人目标，同时将其细化，最终形成课程目标，是课程自我认知的重要维度。

一、育人目标

　　爱真理：爱，是为热爱。真理是人们对于事物及其规律客观而正确的反映。通过学校课程实施，学生感受真理面前人人平等，同时养成待人从真的习惯，培养热爱真理的品质。

　　求真知：求，是为探究。真知包含知识和原理、能力和方法、客观事物的规律。在教育教学活动中，养成求真务实的精神，以实事求是的态度完成学习过程，在实践中形成真知，明辨是非，以真知贡献社会。

　　做真人：学生争做崇尚礼德，富有爱心的人；做勇敢坚强，追求真理的人；做身心健康，人格健全的人；做勤学擅问，积极探索的人；做自尊自强，热爱生活的人。讲科学、重人文，具有精益求精的科学精神和锲而不舍的探究意识，成为一个合格的新时代公民。

二、课程目标

　　学校的育人目标通过课程来完成，为此，我们将"大爱课程"目标分年级细化如下（见表1-1）。

表1-1　合肥市五十中学西校"大爱课程"目标表

育人目标 ＼ 课程目标	七　年　级	八　年　级	九　年　级
爱真理	通过学校课程实施，希望学生养成善于观察与思考，主动探究真理的习惯。	通过学校课程实施，希望学生不断提升自己的想象力，具备一定的发散思维和辨别真伪的能力。	通过学校课程实施，希望学生养成待人从真，感受真理面前人人平等，有独特的见解和较强的思辨能力。
求真知	在课程学习过程中观察探究周围的世界，培养良好的生活习惯和学习习惯；感受自然，享受生活，培养热爱自然、热爱生活的情感。	通过课程的开设丰富学生的活动，陶冶情操，善于发现美、感受美，发展自己的个性特长；通过全身心地投入到课程学习中，刺激多种感官，加深对学习的理解；重视学生的课程体验，在参与活动中，激发学生的探究精神和创新能力。	通过课程的开设加大学生的课程参与度，激励学生参与到课程的创新和完善中去，发挥学生的主导地位，与教师一起丰富课程的内容，完善课程体系。
做真人	通过课程学习，同学间融洽相处，共同学习，培养善于合作、乐于分享的品质。	通过课程学习，激发学生的学习动力，引导学生积极参与到基础课程学习中来，发挥学生的主导地位，培养学生掌握正确的学习方法。	通过课程学习，感受传统文化的源远流长，增强民族自豪感，强化民族精神，激发自己的爱国热情。

第四节

建构学校课程框架

为了实现上述育人目标，达成课程目标的要求，我们建构学校课程体系，这是课程自知的重要环节。

一、学校课程结构

基于"大爱教育"之哲学以及学校课程目标，确立学校课程模式为："L-O-V-E"课程。"L-O-V-E"可释义为：L-Life"生命"；O-Obligation"感激，感恩，义务，责任"；V-Varieties"不同的、多样的"；E-Expansion"扩大的，扩展的，伸展的"。基于此，我们将"L-O-V-E"课程的目标定义为：开发并实施有生命的、有效的特色课程，培养爱真理、求真知、做真人的高尚品质。

在课程建设中我们不断发展完善，目前已形成了课程群体系（见图1-1、1-2）。

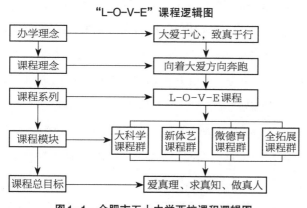

"L-O-V-E"课程逻辑图

办学理念	→	大爱于心，致真于行
课程理念	→	向着大爱方向奔跑
课程系列	→	L-O-V-E课程
课程模块	→	大科学课程群 / 新体艺课程群 / 微德育课程群 / 全拓展课程群
课程总目标	→	爱真理、求真知、做真人

图1-1 合肥市五十中学西校课程逻辑图

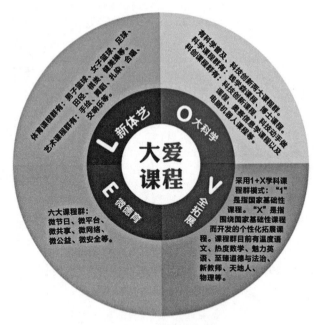

图1-2 合肥市五十中学西校课程结构图

（1）新体艺课程："L"– Lively sports and arts "充满活力的体育与艺术课程"，分为体育和艺术两大课程群。体育课程群有：男子篮球、女子篮球、足球、田径、棋类、健美操等。艺术课程群有：手绘、舞蹈、扎染、合唱、交响乐等。学生通过参与这些课程的学习和活动，陶冶情操，发现美、感受美，发展个性特长，成就多才多艺。

（2）大科学课程："O"–Open and creative science education "开放的有创造力的科学思维培养课程"，包括科学普及、科技创新两大课程群。科普课程群有：钱学森课程、博士课程。科创课程群有：科技创新课程、科技动手做课程、奥赛信息学课程以及电脑机器人课程等。通过学习，学生了解科学知识，树立科学思想，培养科学探索精神和科技动手能力。

（3）全拓展课程："V"–Various all round development "形式多样的促进学生各学科全面发展的课程"。全拓展课程群采用的是"1+X"学科课程群模式："1"是指国家基础性课程；"X"是指围绕国家基础性课程而开发的个性化拓展课程，是基础性课程的拓宽与延伸。课程群目前有温度语文、热度数学、魅力英语、至臻道德与法治、新教师、天地人、历史、物理、化学、生物等。通过这些课程的学习，学生为学习研究型课程积累更宽泛知识与经验、能力与方法，共同为高级别的培养目标服务，促进学校办学特色的形成。

（4）微德育课程："E"-Effective moral education "有效的情感与道德培养课程"，包括六大课程群：微节日、微平台、微共享、微网络、微公益、微安全等。通过这些课程的建设与实施，学生建立生命体之间的和谐关系，并形成尊重他人、敬畏生命的生活态度，促进个性与社会化的和谐发展。

二、课程设置

为实现"爱真理、求真知、做真人"课程建设目标，我们设置如下分年级段课程（见表1-2）。

表1-2 合肥市五十中学西校"大爱课程"内容设置表

课程门类	群类	课程名称	课程内容	课程要求、目标	适宜年级	学时安排
大科学课程	科创	奥赛信息学	C语言编程	利用信息技术课和自学课时间，提高语言编程能力	七年级八年级	每周1课时
		电脑机器人	Vex、legoEV3等	课外活动和周末时间开展，培养科学意识，提高动手能力	七年级八年级九年级	每周8课时
		科技创新课程	科技创新大赛	课外活动和周末时间，从小爱科学，学科学	七年级八年级	每学期15课时
		科技动手做课程	科技动手做、科技创新大赛	课外活动和周末时间，从小爱科学，学科学	七年级八年级	每学期15课时
	科普	博士课程	科技、教育、人文对话	打开视野，了解前沿科技，从小爱科学	八年级	每学期10课时
		钱学森课程	了解钱学森生平，基础科普教育和社会实践活动	打造成"全人格教育"的典范，培养学生脚踏实地努力拼搏的精神	七年级八年级	每学期15课时
新体艺课程	体育	棋类课程	中国象棋、国际象棋和围棋	了解我国的传统棋类文化和国际棋类文化，使学生下棋的水平能够有所发展	七年级八年级	每周1课时

（续表）

课程门类	群类	课程名称	课程内容	课程要求、目标	适宜年级	学时安排
新体艺课程	体育	田径课程	田径、中长跑、短跑、跳远、跳高等	提高身体素质；培养勇敢顽强的意志品质	七年级 八年级	每周2课时
		男子篮球课程	介绍篮球运动的起源、发展，培养学生篮球运动的技能	认识篮球，了解篮球比赛规则，增加对篮球运动的喜爱，积极参与篮球训练，掌握基本篮球技巧	七年级 八年级	每周2课时
		女子篮球课程	介绍篮球运动的起源、发展，培养学生篮球运动的技能	认识篮球，了解篮球比赛规则，增加对篮球运动的喜爱，积极参与篮球训练，掌握基本篮球技巧	七年级 八年级	每周2课时
		乒乓球课程	介绍乒乓球运动的起源、发展，培养学生乒乓球运动的技能	认识乒乓球，了解乒乓球比赛规则，增加对乒乓球运动的喜爱，积极参与乒乓球训练，掌握基本乒乓球技巧	七年级 八年级	每周1课时
		健美操课程	学习健美操的基础知识，用传统的基本教法传授基本动作，用成套动作富有激情地表演	了解我国健美操的历史，感受健美操的风格特点，熟悉健美操的基本内容，并学习健美操	七年级 八年级	每周1课时
		足球课程	介绍足球运动的起源、发展，培养学生足球运动的技能	认识足球，了解足球比赛规则，增加对足球运动的喜爱，积极参与足球训练，掌握基本足球技巧	七年级 八年级 九年级	每周2课时
		羽毛球课程	介绍羽毛球运动的起源、发展，培养学生羽毛球运动的技能	认识羽毛球，了解羽毛球比赛规则，增加对羽毛球运动的喜爱，积极参与羽毛球训练，掌握基本羽毛球技巧	七年级 八年级	每周1课时
	艺术	美术课程	素描、国画等	利用美术课，培养美学意识	七年级 八年级	每周1课时
		手绘课程	石头、窨井盖、消防栓、路牌、下水道口等	手绘校园文化，让学生成为学校文化的参与者	七年级	每周1课时

课程门类	群类	课程名称	课程内容	课程要求、目标	适宜年级	学时安排
新体艺课程	艺术	庐剧课程	学习庐剧的基础知识，用传统的"心传口授"法教唱庐剧片段，用模仿法学习庐剧表演	熟悉庐剧的著名选段，并学唱其中一个庐剧作品片段，培养学生传统戏曲文化的感情和关注	七年级八年级	每周1课时
		合唱课程	练习合唱的技能	提高声乐素养，培养合作意识及能力	七年级八年级	每周1课时
		舞蹈课程	民族舞、劲舞、街舞等	感受不同舞蹈风格，能体验不同音乐与舞蹈特点与特色	七年级八年级	每周1课时
		交响乐课程	学习多种乐器的使用	提高音乐素养，培养合作意识和能力	七年级八年级	每周1课时
全拓展课程	新教师	新教师	参加各类师训、读书活动等；搭建反思分享、交流碰撞的平台；名师工作室、思政课程、四季访课、集体备课、课题研究、课程建设等	培养"乐业适性，铸梦未来"的教师团队	全体教师	定期开展
	温度语文	"泠泠书声"	在课堂中、在课下将倾听、思考、表达有机联结，让学生入情入境，展开各种"听"的活动，让学生通过"听"更好地感知语文的温度	主要着眼于学生的"听说"能力，让学生在听的过程中爱上语文，感知语文的魅力	七年级八年级九年级	每周1课时
		"诗意表达"	主要针对学生的口语交际能力的训练和提升，不仅关注学生的口头表达能力，也关注师生之间的交流和互动，提升参与能力和思辨能力	阅读量的积累和阅读力的提升	七年级八年级九年级	每周1课时
		"书苑漫步"	各种阅读课程，提高学生独立阅读的能力和兴趣，学会运用多种阅读方法，丰富语言积累，培养感受、理解文学作品的能力	培养学生的阅读兴趣，提高学生的阅读欣赏水平，在有技巧的基础上提升审美	七年级八年级九年级	每周1课时

提升学校课程品质

课程门类	群类	课程名称	课程内容	课程要求、目标	适宜年级	学时安排
全拓展课程	温度语文	"握素怀铅"	主要着眼于写作能力的培养，根据学段梯度和学生的学情，方法指导层层深入，不断提升学生的写作能力，以我手写我心，传达自己的真情实感	通过丰富多彩的写作课程，吸引和指导学生写作，鼓励学生关注现实，观察生活，体验实践，进行自由和有创意的表达，从而提升写作兴趣和自信心	七年级八年级九年级	每周1课时
		"察言观色"	针对学生真实的生活，从身边出发，从点滴入手，通过课程中设置的一些活动，培养学生综合运用语文知识的能力，对学生的听、说、读、写能力进行整合，使书本知识和生活实践紧密地结合起来	培养学生多角度地观察生活，发现生活的丰富多彩，能抓住事物的特征，有自己的感受和认识	七年级八年级九年级	每周1课时
	魅力英语	语言能力	配音、讲故事、演说、唱英文歌等	提升语言的感知能力，巩固发音及流利度与准确度	七年级八年级九年级	每周1课时
		学习能力	快速拼写、单词接龙、规范书写TPR等	能正确使用标点符号；能用正确的句子描述图片、海报等；能根据写作要求，收集和准备素材；养成有写必有检查的好习惯	七年级八年级九年级	每周1课时
		思维品质	了解中西方饮食、经典待人接物习惯、风土人情等	增进国际理解，具备一定的辨认和理解书面语言的能力	七年级八年级九年级	每周1课时
		文化品格	赏读中外名家名作，尝试用英语介绍他们	能基本无障碍连贯地朗读文章，理解段落和句子的逻辑关系，运用简单的阅读策略获取主旨大意和细节信息。在英文诗歌，传统文化欣赏以及名著欣赏的阅读中养成按意群阅读的习惯。培养在上下文中推测此意的能力	七年级八年级九年级	每周1课时

课程门类	群类	课程名称	课程内容	课程要求、目标	适宜年级	学时安排
全拓展课程	热度数学	"智算数学"	开展有趣的计算、巧算活动，夯实学生计算能力。有理数、实数、整式、分式、根式的加减运算，进行学生速算比赛，激发学生学习兴趣，提高学生计算能力	数学中最基本的就是数学计算能力，良好的数学运算能力将为学生后续学习打下牢固的基础。让数学运算不再枯燥，让所有的数字生动展示	七年级八年级九年级	每周1课时
		"热度几何"	开展趣味手工折纸，小小设计师，让学生参与数学操作，感受轴对称、中心对称的对称之美，发现数学中线段和角的关系	课标当中"空间与图形"的内容主要涉及现实世界中的物体、几何体和平面图形的形状、大小、位置关系及其变换，它是人们更好地认识和描述生活空间并进行交流的重要工具。通过这一课程让学生更加感受几何的多变和归一	七年级八年级九年级	每周1课时
		"调查统计"	开展丰富多彩的统计课程，让学生参与设计问卷调查表，设计统计图表，得到决策。对学习和生活中的问题发挥主人翁意识，积累数学经验，获得数学应用意识。例如"数学作业时间"问卷，"学校附近公园的绿化""河水的治理"等	课标中"统计与概率"主要研究现实生活中的数据和客观世界中的随机现象，它通过对数据收集、整理、描述和分析以及对事件发生可能性的刻画，来帮助人们作出合理的推断和预测。通过这个维度让学生感受现实生活中的案例与数学紧密联系，既增加了学生的知识储备，又发展了学生解决实际问题的能力	七年级八年级九年级	每周1课时
		"热度模型"	感受用模型解决现实生活问题和对于几何图形的理解加深印象	感受数学的魅力，发展数学思维，总结经验，培养应用意识	七年级八年级九年级	每周1课时
		"博采众长"	学生阅读数学史著作和现代有关数学论文，观看数学视频理解数的发展、数域的扩充	通过讨论产生思维的碰撞，激发数学思维的发展	七年级八年级九年级	每周1课时

（续表）

课程门类	群类	课程名称	课程内容	课程要求、目标	适宜年级	学时安排
全拓展课程	热度数学	"达雅文章"	开设有关写作课程，帮助学生将所有的理解落实到写作中	每周的思维导图，应用题的解决，学生的几何证明，以及每个证明之后的思考，帮助学生发展数学推理能力，数学整理能力，以及数学文章写作能力	七年级八年级九年级	每周1课时
	致臻道德与法治	道德	内容主要为寻找最美人物、美德少年、谈古论今、经典咏流传、红色之旅、道德讲堂等	通过相关课程的学习，引导学生正确认识青春期自我的生理与心理变化，体会生命的可贵、热爱生活，培养自尊自信、乐观向上的生活态度，从而能够积极接纳自己，学会分辨是非，学会对自己的行为负责	七年级八年级九年级	每周1课时
		心理健康	内容主要为心语倾听、小小主播、红歌嘹亮、情境剧场、心灵驿站、你说我解等	掌握青春期心理卫生知识，体会青春期的美好与烦恼，客观地应对挫折和逆境，寻求有效的应对方法，养成勇于克服困难和开拓进取的优良品质	七年级八年级九年级	每周1课时
		法律	内容主要为模拟法庭、法治在线、宪法宣传日、小小普法员、法治生活节、我抢我答等	认识法律在维护社会秩序中的重要作用，自觉维护法律的权威。了解我国法律对未成年人的特殊保护，学会运用法律维护自己的合法权益，增强法律意识	七年级八年级九年级	每周1课时
		国情	内容主要为时代风云社、模拟政协、模拟联合国、时代影评、博采众长、致真于行等	弘扬和培育民族精神，认识当代青年的社会责任，增强为实现推进现代化建设、完成祖国统一、维护世界和平与促进世界共同发展的使命感与自信心	七年级八年级九年级	每周1课时

课程门类	群类	课程名称	课程内容	课程要求、目标	适宜年级	学时安排
全拓展课程	物理课程	物理实验	补充物理学科实验	开展更具有趣味性、探究性实验活动，提高学生的学习兴趣与动手能力	八年级	每周1课时
	天地人课程	天文知识科普	了解常见天文现象及户外天文观测常识	培养热爱科学、探索天文的兴趣	七年级八年级	每学期8课时
		地理知识科普	对初中阶段地理知识进行延伸和拓展	培养探索地理科学的精神	七年级八年级	每学期8课时
	心理健康	爱上学习	心理牵引，了解初中学习	学生正确认识初中学段的学习情况，树立学习信心	七年级	每学期10课时
		探索自我、情绪管理、倾听花开	青春期心理导引	对自我认知进行剖析，学会情绪管理，以正确的态度面对一切	八年级	每学期16课时
		情绪管理	学习如何缓解压力，轻松成长	缓解毕业班学业压力，调整心态，轻松面对人生第一次大考	九年级	每学期4课时
微德育课程	微节日	微节日	诚信、文明、助人、劳动、爱国、拥军、爱党、守法等	以民族传统节日文化为依托，以现代节日为抓手，再结合学校自身条件，开发的自主性节日。囊括初中德育的要点，对学生进行德育渗透	七年级八年级九年级	每月开展
	微平台	微剧场	以校园为平台，以校园生活为蓝本，将校园生活中出现的各种不文明、不道德行为，以及正能量的事迹等以剧本的方式通过学生的表演呈现出来	通过组织各班级轮流观看，让学生得到启发和教育，以此来提升学生的综合素养。让学生在欢乐的同时认识到文明规范的重要性，从而达到德育的目标	七年级八年级九年级	每周1课时

课程门类	群类	课程名称	课程内容	课程要求、目标	适宜年级	学时安排
微德育课程	微平台	微银行	学生收集垃圾，完成垃圾兑换，旨在帮助学生养成良好的卫生习惯	增强学生的主人翁意识，增加学生对学校的热爱，并真正做到"大爱于心，致真于行"	七年级八年级九年级	每个工作日开展
		微电台	以"养成教育"为出发点，通过播出校园的日常生活和学生正能量的事迹，在潜移默化中感染学生	了解学校的各种动态，提升学生热爱学校热爱生活的情感	七年级八年级九年级	每个工作日五分钟
		微超市	在校园里设置无人售卖货架，出售学生日常需要的学习用品，学生自己往箱子里(诚信箱)投钱	进行诚信教育的载体。通过自助购物，学生们能真切地感受到诚信，逐渐形成自我规范意识	七年级八年级九年级	每个工作日开展
		微报社	编写校报，学生自己收集素材、设计板块、绘画、撰写	开发学习潜能，诱发想象力，启发创新力，激发学生对文学、艺术的兴趣	七年级八年级九年级	每周1课时
		微讲坛	学生的写作能力、宣讲能力和时代责任感	培养学生的写作、演讲能力，学生能够轻松面对人群，自信宣讲，形成良好的组织号召能力	七年级八年级九年级	每周1课时
	微公益	微传播	深入社区、街道、敬老院、特教学校、福利院，开展各种各样的志愿者活动，将个人微薄的力量聚沙成塔，汇溪成海	"赠人玫瑰手有余香"是"微公益"课程的目的。通过课程的开展，鼓励学生积极参与志愿者活动。从微不足道的公益事情着手，强调积少成多，用自己的行动去帮助需要帮助的人	七年级八年级九年级	定期开展
		微服务				
		微捐助				

课程门类	群类	课程名称	课程内容	课程要求、目标	适宜年级	学时安排
微德育课程	微共享	微共享	以共享书吧为载体，共享各类资源。在"共享书吧"里，学生既是书籍和物品的分享者，将闲置的物品分享出来，结识新的朋友；学生也是物品的使用者，需要的图书、玩具、笔记、工艺品等，都能获得共享，真正实现了校园里的"微共享"	通过该课程，在与他人共同享用资源中获得满足和快乐	七年级八年级九年级	每天开展
	微网络	微网络	"青年大学习""网上祭英烈""向国旗献礼""我最喜爱的老师"等	利用校园网、手机、QQ群、微信公众号等进行德育教育	七年级八年级九年级	定期开展
	微安全	微安全	开展防震、防灾、消防演练、疏散演练、防溺水宣传，打造"安全通道"阵地	"微安全"课程每月一个主题，通过该课程，增强师生防范意识，创建平安校园	七年级八年级九年级	每月开展

规划学校课程实施

为了确保课程开发的合理性，促进教师专业素养不断提升，实现学生个性发展，形成五十中学西校的特色，我们全面规划学校课程实施路径，这是课程自我认知的重要实践。

一、落实课堂转型，推进课程的有效实施

"大爱课堂"要求教师在教育教学过程中，要充满尊重、关爱、民主、和谐，只有在轻松愉悦的学习氛围中，学生才能够体验到愉快和幸福，才能够获得人格健康、精神自由、学业进步和身心全面发展。由此我校倡导的"大爱课堂"可释义为：Lively 有生命活力的；Open 开放的；Various 多样的；Effective 有效的。因此，"大爱课堂"的评价标准如下。

1. 教学目标

（1）目标设置：教师"导"的思路清晰，学生"学"的目标明确。

（2）层次划分：知识与技能，过程与方法，情感与态度，能力与素质。

2. Lively 有生命活力的

（1）内容选择：适度安排教学内容和范围，重难点明确。

（2）呈现方式：突出能力培养。

（3）教法设计：教法设计合理，教学方式多样化。

（4）学法指导：指导运用正确合适的学法，引导自主学习、探究学习、合作学习。

3. Open 开放的

（1）环节设计：强调课前自我探究，设置课堂情境、激发兴趣、展开过程、巩固训练、拓展提高、检测评价；每一环节学生都有事做。

（2）时间分配：保证学生有足够的参与活动、自主学习的时间。

4. Various 多样的

（1）师生互动：教师有激情，学生有回应，课堂气氛轻松活跃，形成教学互动、知识研讨的氛围。

（2）学生参与：学生主动探究，思维活跃，多种感官参与学习过程，从新知中获得满足感和成就感。

5. Effective 有效的

（1）思维训练：教学范围和难度合理，学生思维缜密发散，课堂练习有分层、有梯度、达到温故知新的效果。

（2）检测评价：及时练习反馈，教学目标达成率高。

6. 教学特色

（1）创新性：导学过程设计与众不同，富有创新性。

（2）艺术性：导学艺术性高，不出现学生无所适从或无处下手的尴尬场面。

（3）生动性：导学丰富多变，适应学生年龄特点，课堂教学生动、形象。

二、建设特色学科，推进学科特色课程建设

根据学校师资力量，教师结合专业特长，以所授科目为原点设计学科特色课程（Various）："1+X"学科课程群，"1"是指整合后的国家基础性课程，"X"是指个性化发展课程，是基础课程的外拓和延伸。根据学科发展的内在规律以及学生学习与发展的需要，重新整合构建适合学生发展的校本课程体系，包括跨学科之间、本学科前后、不同学习要求的结构化改造。本课程主要针对高考及中考招生制度改革的变革需求，通过基础型课程、拓展型课程、研究型课程的统筹有逻辑地系统构建全拓展课程体系。目前已有部分课程形成了课程群，如温度语文、热度数学、魅力英语、致臻道德与法治、天地人、心理健康、新教师等课程。通过这些课程的开设，激发学生潜能，陶冶学生情操，促进学生个性化与整体的和谐发展，促进学校办学特色的形成，为学生日后开展研究型课程的学习积累知识与经验、能力与方法，共同

为高一级的教育培养目标服务。

教师开发课程，先向学校课程研究中心负责人提出申请，并填好课程开发申请表，报好开发课题。课程研究中心就教师提出申请的开发课题，对全体学生进行调查。超过50人愿意修学该课程，同意该教师开发，低于50人则不同意开发。教师接到同意书之后，先编写好该课程计划，报学校课程研究中心讨论评议。课程研究中心接到教师的课程纲要后，认真研究，审核。确认可行后，课程研究中心发放同意书，通知教师编写课程纲要和课程计划。编写完毕，报课程研究中心审核评议。接到教师编写的纲要后，课程研究中心按程序考核评议，确认可行同意教师设立课程，进行教学。

为推进学科特色课程建设，特制定了以下评价方案。（1）要求教师努力学习品质课程理论知识，掌握开发新课程的技术，对《课程纲要》等文稿撰写人，记入教师个人发展档案。（2）课程辅导员等同于班主任，作为教师年度考核、晋级、评优的重要条件。（3）课程辅导员的固定时间开课工作量和假期集训工作量均纳入课时计算。分为常规课时和集训课时。常规课时为每周1课时。节假日集训为每次2课时。（4）学校每学年末将进根据课程实施情况和效果评选出"优秀课程学员""优秀课程辅导员"。（5）营造同学科教研组协作的氛围。鼓励非课程辅导教师参与课程实验，集思广益，共同研究。对能否调动全组教师主动参与课程建设实验，或为课程建设出谋划策、为课程教师排忧解难，作为先进教研组评选的重要依据。

三、创意课程整合，推进"微德育"课程的深度实施

结合中学生身心发展特点，打造平台，对学生进行品德、信念等教育，开设"微德育"课程群（Effective）。根据新时期中学生品德形成和发展的规律，细化德育目标，从微小入手，探讨德育新举措，由教师指导，学生自发参与的实践活动，贴近学生生活，更有效地促进自身道德品质的形成。我校的微德育课程有两层含义，一是无微不至、即时渗透的德育。学校的每一节课、每一次活动、每一个空间都时刻对学生进行无处不在的德育渗透，力争将德育生活化、常态化、细致化。精心设计、无处不在、无微不至，涉及行为规范、思想道德、心理健康、人生价值等教育的方方面面，点点滴滴。二是搭建"微德育"平台，以全体学生为德育对象，进行德育创新，让德育不

再是说教式或者走马观花式的直接灌输，而是通过平台让学生产生兴趣并主动积极地参与进来，让孩子们不仅成为德育的受益者，更成为学校德育的管理者和参与者。自从微德育实施以来，不断改进完善，目前已形成课程群：微节日、微平台、微网络、微共享、微公益、微安全。微德育我校德育工作的一种新形式，是一个探究与实践过程，更是一个开放的教育过程，通过捕捉"微现象"、预防"微问题"、创设"微组织"、搭建"微平台"、开发"微课程"、实现"微体验"。

评价时主要由课程研究中心对课程教学计划的制订、教案的设计进行检查与审核。① 开学初，学校根据本学期的实际情况制订教学计划，并交至课程研究中心，由课程研究中心统一检查并记录。② 活动前编写活动方案。③ 活动中师生要积极参与并记录教育过程。④ 活动后要及时进行总结。

四、搭建活动平台，推进兴趣爱好课程的有序实施

结合校情和学生的情况开设兴趣爱好课程（Lively），包括交响乐、舞蹈、书法、篆刻、绘画、摄影、器乐、合唱等。通过这些课程的开设丰富校园文化，展示自我、陶冶情操，让学生在学习过程中发现美、感受美、创造美，使个性特长得到发展，成为多才多艺的人。

在开学初，学校根据本学期的实际情况制订教学计划，并交至课程研究中心，由课程研究中心统一审核。课程开始前编写课程方案。过程中师生要积极参与并记录学习过程，结束后要进行及时总结与反思。

总之，作为人类一种高尚的情感，大爱是一种最高境界的无私的爱。教育活动的核心就是进行"爱"的教育。大爱在于教师对学生的大爱，以及学生对教师的敬爱，这些都是推动教育富有创造力和教育发展的本源动力。唯有大爱的教育，才有教学的激情、快乐和创造。"大爱教育"植根于教育者的灵魂深处，摒弃了虚假和伪善，体现了爱心和真情，大爱更是教师在教育活动中遵循中国特色社会主义价值观的集中体现。

（撰稿者：胡志杰　吴玲玲）

第二章

学校课程变革需要全面洞察学校课程自在的外部环境，需要完整把握课程自在的文化处境，需要清晰认识课程变革的制度环境和现实可能，进而意识到哪些是可为的，哪些是不可为的；哪些是必须做的，哪些是可选择的；哪些是自己即可为的，哪些是需要制度支持的。

透彻的课程自在

现实生活中，人与人所处环境不同、素质不同，人生也就不可能被完全模仿与复制。同样，每所学校都有各自的文化积淀和办学传统，生源师资各不相同，办学条件差异很大，因此每所学校要提升其课程品质都必须有透彻的课程自在。课程自在是说学校课程变革需要全面洞察学校课程自在的外部环境，需要完整把握课程自在的文化处境，需要清晰认识课程变革的制度环境和现实可能，进而意识到哪些是可为的，哪些是不可为的；哪些是必须做的，哪些是可选择的；哪些是自己即可为的，哪些是需要制度支持的。[①]透彻的课程自在，需要做到以下几点。

首先，明晰学校发展基础，完整把握课程自在的文化处境，对国家的政策诉求，学校的区位条件、发展历史、环境设施、课程实施、教师情况、生源特点等因素分别进行有利条件与不利条件的分析，掌握学校课程发展的优势及问题。

其次，分析课程变革的制度环境，进而意识到学校发展的现实可能。比如在清楚分析制度环境的基础上，进而明确学校可发展之特色，这里所谓的特色并不是说必须要在学科教学上优于其他学校。即使是基础薄弱的学校，如果有基于自己发展基础的办学理念、课程方向，在课程实施方面能够实现规范办学的同时，又有区别于一般学校的独特之处，同样可以拥有自己的特色。找到了自身特色，也就相应了解了可为的现实可能。

最后，辨析学校的其他发展任务，必要时在专家指导下，挖掘自身潜力并利用周边优质资源发展丰富课程系统，形成适合学校发展基础的课程定位。这正是回到自我，清楚衡量自身的能力与条件后，在有限的条件下追求最好的课程发展。

如合肥市小庙中学，学校清晰地意识到随着合肥市西城建设的推进，小庙镇将成为交通便捷、人口聚集、经济繁荣的合肥市西城中心。根据合肥市西城规划图可知，小庙镇将建设一所优质高中，这是小庙中学发展的新契机，学校很好地把握住这一契机，致力于学校的进一步发展。

考虑到学生文化课基础相对薄弱，若仅从文化课要求他们高考取得好成绩，去实现人生理想，这无疑是勉为其难。于是，面对这几百位同样享有优

---

① 杨四耕.自主性变革：走向课程自觉的美好境界［J］.中国教育学刊，2020（05）：66-70.

质教育权利的高中生，学校做到了慎重对待，用心呵护。

（撰稿者：甘香瑞）

合肥市小庙中学前身为安徽省肥西小庙中学，是一所拥有六十多年办学历史的公办完全中学，位于合肥市蜀山区小庙镇。目前学校有初中8个班级，高中12个班级。我校高中是目前合肥市唯一一所公办普通高中（其他公办普通高中都是市级示范或者省级示范学校）。为谋求学生更健康、更阳光、更自信的发展，结合我校实际，特制订"遵人天性，育人灵性"的合肥市小庙中学高中艺体特色课程建设方案，引领学生"走进艺术世界，迈向多彩人生"。

课程理念蕴于时代背景

课程理念蕴于时代背景，课程理念的提出需考虑新课程、新高考的要求，突显对学生全面而有个性化的发展的重视，结合学校现有条件和生源基础及地方政府的教育发展诉求，这是课程自在首先应当厘定的问题。

一、学校教育哲学

我校教育哲学是"灵性教育"。所谓"灵性教育"是指有潜在智慧、才能，需要通过教育点化，突显专长和特点。教育就应该通过师生互动和交流，通过教师点拨和学生自我顿悟实现教育"化愚，化智"之功能。"天生我材必有用"，每个学生都有灵性的一面。多元智能理论认为，在八大智能中每个人的擅长是有差别的。有的学生逻辑智能是强项，有的语言智能是优点，有的人际智能是长处，总而言之，每一个学生的专长和特点是有差别的。课程方案的实施可以扬长避短，挖掘学生潜能，为学生更自信、更阳光、更有成就的发展奠定良好的基础。

义务教育阶段对学生智育能力的培养和挖掘已经达到极致，进入高中阶段从音乐智能、身体动觉智能等方面挖掘学生潜能，不失为因材施教的正确途径。尊重人之天性差异之本，育人灵性之基。于是我校提出办学理念：遵人天性，育人灵性（见图2-1）。

其中，灵魂是指学生心灵、思想、人格、良心等方面，加强学生的"三观"教育；灵敏是指反应快，能对极其微弱的刺激迅速反应，注重培养学生体育技能和思维反应能力；灵感是指在文学、科学、艺术、技术等活动中，

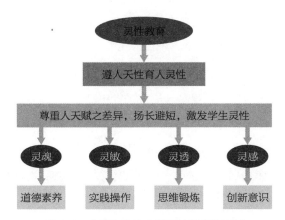

图2-1　合肥市小庙中学灵性教育体系图

由于长期实践，艰苦学习，不断积累知识和经验而突然产生的丰富有创造性的思路，如艺术创意空间、地理实验室等；灵透是指聪明、机敏、心眼儿通透。

二、学校课程理念

我校课程理念是：走进艺术世界，迈向多彩人生。高中阶段的教育是人生中一个重要的阶段，从教育角度来说，它是基础教育向成人教育的过渡阶段；从成长角度来看，它又是由未成年人向成年人的过渡阶段。这个阶段既是对学生时代的一次庄重作别，又是迈向更加多彩人生的开始。

通过对学生艺体特色培养挖掘潜能，成就其多彩的人生。按照这一思路，我们设计灵性教育特色课程结构如下（见图2-2）。

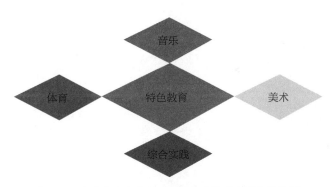

图2-2　合肥市小庙中学"灵性教育"特色课程结构图

结构图解读：结构图是由四个菱形组成，菱形谐音"灵性"，和我校"遵人天性，育人灵性"教育哲学相吻合。

设计音乐、美术、体育和综合实践四个特色课程，有三个方面的原因。首先，学生个性化需求。我校高一招生指标270个，音、体、美占到160个，学生需求量大。其次，我校有相应的师资水平和音体美高考培训的经验。第三，高考招生中音、体、美是重要组成部分。

而综合实践课是培养学生灵性的重要途径，因为它涉及到跨学科教学，将在综合实践课程方案中详细介绍，此不赘述。

第二节

课程目标紧扣教育方针

党的教育方针是学校育人目标的基本规定，课程目标必须紧扣教育方针，这是课程自在的基本要求。为了落实立德树人基本任务，进一步提升学生综合素质，着力发展学生核心素养，使学生成为有理想、有本领、有担当的时代新人，结合我校文化背景和实际情况提出"四爱"和"四会"育人目标（见图2-3）。

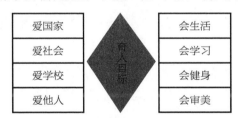

图2-3　合肥市小庙中学灵性教育课程育人目标图

一、育人目标

爱国家：培养学生对国家的认同感，并具有国家意识，了解中国共产党的历史和光荣传统，具有热爱党、拥护党的意识和行动；了解并传播弘扬中华优秀传统文化和社会主义先进文化；有为实现中华民族伟大复兴中国梦而不懈奋斗的信念和行动。

爱社会：培养具有社会责任感的学生。自觉践行社会主义核心价值观，文明礼貌，诚信友善；敬业奉献，热心公益和志愿服务，具有团队意识和互助精神；能明辨是非，具有规则与法治意识，理性行使公民权利，积极履行公民义务；热爱并尊重自然，树立绿色生活方式和可持续发展理念等。

爱学校：爱学校是爱国的具体体现。通过对学生行为的引导，培养其热爱学校，以校为家，爱班级，关心集体，有集体荣誉感，增强其集体意识和爱校意识。

爱他人：培养学生与人交往能力和关爱他人的意识。社会是一个由不同类型的人员组成的大家庭，通过教育学会与人交流的方法，首先爱身边亲人，敬长孝亲，有感恩之心；关爱同伴，团结友爱同伴，再到尊重每一个人，培养爱人之心，实现和谐社会之目的。

会生活：做生活的主人，具有积极乐观的生活态度，掌握必备的生活技能，自立自强。珍爱生命，理解生命意义；具有自我保护意识与能力；养成健康文明的生活方式和良好行为习惯等。

会学习：能正确认识和理解学习的价值和意义，拥有积极的学习态度和浓厚的学习兴趣；养成良好的学习习惯，掌握适合自身的学习方法；学会自主、合作与探究性学习，培养终身学习的意识和能力等。

会健身：了解健康内涵，包括健壮的身体和健全的人格，健康的心理。熟练掌握2～3项自己喜欢的运动技能和方法，会自我调节，具有积极的心理品质，自尊、自爱、自强，乐观自信；有较强的情绪自制力，具有较强的抗挫折能力等。

会审美：具有发现美、感知美、欣赏美和评价美的基本能力和意识；具有艺术表达和创意表现的意识和兴趣，能在生活中发现、拓展和升华美；能理解和尊重世界文化艺术的多样性，具有健康的审美价值取向。

二、课程目标

育人目标是通过课程目标去实现的，我们把"四爱""四会"育人目标进行细化、分解，形成相应课程目标，具体如下（见表2-1、2-2、2-3、2-4）。

（一）道德教育目标

表2-1　合肥市小庙中学道德教育目标表

项目	等级			
	渺	让	礼	德
爱祖国	规范升旗礼仪，敬畏国旗、国徽和国歌等象征国家主权的标志。	心怀祖国，热爱祖国，转化为爱校，爱家乡的具体行动。	自觉维护国家荣誉，保护国家财产，有建设祖国的自觉意愿。	有为祖国富强而努力奋斗的热情；有为祖国利益奉献自我的勇气。

项目	等　　　　级			
	渺	让	礼	德
爱社会	每学期一次为社会服务的行动。	懂得社会责任，具有承担社会责任的意识。	自觉参与社会公共服务。	具有良好的公共道德素质。
爱他人	懂得孝敬父母亲人的伦理道德。	懂得孝敬父母亲人的伦理道德。经常为父母做力所能及的家务。	主动和父母长辈交流，养成尊老敬老之心。	老吾老以及人之老。
	熟读成颂《弟子规》。	懂得尊敬老师，主动向老师问好。	重礼教，知礼仪，懂礼貌。	具有强立而不反的尊师重道精神。
	尊重同学共修友谊。	遇好处不独享，多谦让。	待同学要彬彬有礼，绝不恶语相向。	亲如家人，情同手足。
	生命：懂得尊重生命，悦纳自我。	生存：自己的事情自己做。	生活：能处理好学习和生活、娱乐、锻炼等之间的关系。	生机：有较高的个人修养，积极乐观，生机勃勃。
爱世界	了解环境破坏现状，形成环保意识，从我做起保护环境。	做环境保护的实践者。	知行合一，关爱环境。	养成自觉保护环境的素质。
	了解世界文化的丰富多彩。	懂得尊重外国的优秀文化。	认同中外文化存在的差异。	汲取外国文化的精华营养，扬长避短，为我所用。

（二）美术教育目标

表2-2　合肥市小庙中学美术教育目标表

年级　素养	高　一　年　级	高　二　年　级	高　三　年　级
图像识读	从美术与自我、自然、生活、科学、政治、经济、宗教、历史等方面认识美术的价值和作用。	鉴赏具有鲜明艺术特色、文化内涵以及与生活经验相关联的绘画作品，用美术术语表达自己的感受与理解。	通过欣赏优秀的作品，帮助学生理解素描的概念，认识素描的作用和表现方法。
美术实践	学习美术鉴赏的基本方法，联系文化情境认识美术作品的意义、形式和风格，多种方式表达对艺术作品的感受与理解。	感受和认识形体的明暗、虚实和色彩的冷暖以及空间等现象，通过绘画活动，学习和运用比例、构图、明暗、透视和色彩等知识。	能了解素描的基础知识并能运用这些知识进行基础的素描写生。

（续表）

年级 素养	高 一 年 级	高 二 年 级	高 三 年 级
审美判断	掌握数字化学习的方法，能够运用多种方法或利用现代信息技术收集美术的有关信息。	能够使用多种工具、材料，体验不同的艺术效果；选择具象或抽象的绘画语言和方式表达自己的思想、情感和生活经验。	通过长期和短期的作业，进行针对性的训练，让学生学会整体的观察和描绘，帮助学生将素描技法与思想情感的表达相结合并从文化的角度理解素描的不同表现方式。
文化理解	充分利用当地的文化资源和自然资源，参观美术馆、博物馆、艺术作坊等，调查、考察美术现象，并写出考察报告。	能够学习用口头和书面的形式评价自己和他人的绘画作品。	色彩知识包括色彩在创作和设计中的作用、色彩产生的原因、色彩的调配、色彩与情感的关系，以及色彩在不同文化中的应用等，色彩写生包括静物写生、风景写生和人物写生等。

（三）音乐教育目标

表2-3　合肥市小庙中学音乐教育目标表

年级 素养	高 一 年 级	高 二 年 级	高 三 年 级
审美感知	掌握音乐组成的基本要素、基础知识和基本技能。	培养对音乐音响的综合体验、感知和评鉴能力，提升艺术素养和人文修养。	培养学生对崇高人文精神的追求，增强对真善美的讴歌与塑造能力。
艺术表现	通过学习音乐鉴赏，激发学生鉴赏音乐的兴趣和学习的积极性。	通过学习歌唱，激发学生参与音乐歌唱和表演的积极性。	通过创作的学习，激发学生对音乐编创的兴趣，鼓励学生积极地进行艺术创作实践。
文化理解	通过鉴赏的学习，让学生理解中国民族音乐的博大精深及丰富的精神文化内涵，坚定对中国民族文化的自信。	通过歌唱学习，让学生掌握唱歌的正确发声方法，抒发自己的情感、愉悦身心、陶冶情操。	通过教学，让学生了解其他国家的音乐文化，以平等的文化价值观理解世界音乐的多样性。

（四）体育与健康教育目标

表2-4　合肥市小庙中学体育与健康教育目标表

年级 素养	高 一 年 级	高 二 年 级	高 三 年 级
运动能力	培养学生基本身体素质，加强田径等基本技能指导。	适当增加足球、武术等专项技能培养。	掌握一项到两项自己擅长的锻炼技能。有专长，懂得运动技能。
健康行为	养成良好的锻炼、饮食、作息和卫生习惯，控制体重。	远离不良嗜好，预防运动损伤和疾病，消除运动疲劳，保持良好心态，提高适应自然和社会环境的能力等。	树立体育锻炼的意识与习惯，提高健康知识的掌握与运用、情绪调控、环境适应的能力。
体育品德	培养学生自尊自信、顽强勇敢、积极进取、超越自我的体育精神。	培养学生遵守规则、诚实自律、公平正义的体育道德。	养成文明礼貌、相互尊重、团队合作、社会责任感、正确的胜负观等体育品格。

课程框架反映育人诉求

教育要促进学生的多方面发展，课程框架应反映国家育人诉求，这是课程自在的重要维度。我校灵性课程分为灵魂课程、灵感课程、灵敏课程和灵透课程等，具体每个课程体系如下（见图2-4）。

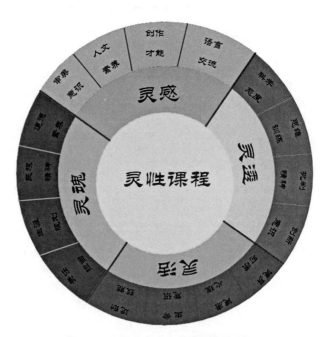

图2-4　合肥市小庙中学灵性课程结构图

一、灵魂课程

立德树人是课程改革的根本任务，以习近平新时代中国特色社会主义思想为引领，以社会主义核心价值观为导向加强对学生培根铸魂。塑造高尚灵魂是我校高中德育课程的主体。学校德育课程围绕学生接触到的关系为线索展开，包括：道德素养、民族精神、生涯规划、责任担当等。大到世界（自然环境和人文环境）、国家、社会，小到人与人之间的关系，如亲子关系、同伴关系、自我认知等。通过课程让学生懂得如何处理与之的关系，更好地适应社会、服务社会、奉献他人（见表2-5）。

表2-5 合肥市小庙中学德育课程表

项目	内容	等 级				负责单位
		渺	让	礼	德	
爱祖国	1. 升旗仪式 2. 民族自豪感 3. 环境忧患意识 4. 学生使命感	规范升旗礼仪，敬畏国旗、国徽和国歌等象征国家主权的标志。	心怀祖国，热爱祖国，转化为爱校，爱家乡的具体行动。	自觉维护国家荣誉，保护国家财产，有建设祖国的自觉意愿。	有为祖国富强而努力奋斗的热情和为祖国利益奉献自我的勇气。	政教处、团委和班主任
爱社会	1. 社区服务 2. 敬老院服务 3. 爱心捐助	每学期一次为社会服务的行动。	懂得社会责任，具有承担社会责任的意识。	自觉参与社会公共服务。	具有良好的公共道德素质。	政教处、团委、班主任
爱他人	1. 孝顺父母 2. 尊敬老人	懂得孝敬父母，守亲人伦理道德。	懂得孝敬父母亲人的伦理道德。经常为父母做力所能及的家务。	主动和父母长辈交流，养成尊老敬老之心。	老吾老以及人之老。	政教处和班主任
	尊师	熟读成颂《弟子规》。	懂得尊敬老师，主动向老师问好。	重礼教，知礼仪，懂礼貌。	具有强立而不反的尊师重道精神。	政教处和班主任
	同学	尊重同学共修友谊。	遇好处不独享，多谦让。	待同学要彬彬有礼，绝不可恶语相向。	亲如家人，情同手足。	班主任
	自我	生命：懂得尊重生命，悦纳自我。	生存：自己的事情自己做。	生活：能处理好学习和生活、娱乐、锻炼等之间的关系。	生机：有较高的个人修养，积极乐观，生机勃勃。	生物老师、班主任

（续表）

项目	内容	等　　级				负责单位
		淼	让	礼	德	
爱世界	保护自然环境	了解环境破坏现状，形成环保意识，从我做起保护环境	做环境保护的实践者。	知行合一，关爱环境。	养成自觉保护环境的素质。	地理教师、班主任
	世界文化认同	了解世界文化的丰富多彩。	懂得尊重外国优秀文化。	认同中外文化存在的差异。	汲取外国文化精华营养，扬长避短，为我所用。	语文、英语、历史、地理等科任教师

二、灵感课程

灵感课程是灵性课程的重要组成部分，正所谓种树必培根，育人更育心，心灵的熏陶受着美术、音乐、文学等的共同影响，因而，我校的灵感课程分为四部分：审美意识、人文素养、创作才能、语言交流。下面以审美意识培养的美术课程、音乐课程为例。

（一）美术课程

1.国家课程体系

表2-6　国家课程体系（美术）

项目＼要求		图像识读	美术实践	审美判断	文化理解
高一	上 必修模块（一）美术鉴赏（1学分）	从美术与生活、美术与其他学科的联系等方面全面认识美术的价值和作用，了解绘画和雕塑艺术，学会用美术语言表达自己的情感，联系历史文化知识认识美术作品所具有的意义。	美术实践学习美术鉴赏的基本方法，联系历史文化知识认识美术作品所具有的意义、表现形式和艺术风格，理解艺术多样性的表达。感受和理解素描形体的明暗、虚实、空间以及色彩的冷暖等表达。	掌握并能够运用多种方法或利用电脑技术收集和美术有关的信息并进行相关的创作。	进行自主性学习、研究性学习与合作学习，通过包括网络在内的多种途径收集与美术相关的文字、图像等资料，并运用于鉴赏学习活动。

项目	要求	图像识读	美术实践	审美判断	文化理解
高一 下	必修模块（一）美术鉴赏（1学分）	鉴赏建筑艺术及民间美术、中国现代美术，从而了解美术多样性的表达，以及不同民族、不同地域的艺术表达的不同，文化的差异和碰撞。	通过相关实践活动，学习素描的基础知识并能运用这些知识进行基础素描的临摹及写生。能运用基本的语言元素和手段塑造形体。	选择自己喜欢的表达方式表达自己的内心感受。通过长期和短期的作业，对学生进行有目的、有针对的训练。	充分利用当地的有限文化资源和自然资源，参观美术馆和美术画展、博物馆、民间艺术作坊等，调查、考察美术现象，并写出考察报告。
高二 上	选择性必修模块：绘画	鉴赏具有鲜明艺术特色、文化内涵以及与生活经验相关联的绘画作品，用美术的方式表达自己的感受与理解。	进一步加强形体的明暗、虚实和色彩的冷暖以及空间的表达，通过绘画活动，学习和运用比例、构图、明暗、透视和色彩等知识。	选择具象或抽象的绘画语言和方式表达自己的思想、情感和生活经验。	能够用口头和书面的形式评价自己和他人的绘画作品。
高二 下	选择性必修模块：书法	鉴赏具有鲜明艺术特色、文化内涵的书法作品，学习和了解中国书法、篆刻艺术发展的基本过程及其与中国传统文化的关系，用美术术语表达自己的感受与认识。	通过观摩、分析和临摹等方法，了解传统的笔法、章法等技法及表现形式，并进行实践，表达自己的思想和个性。	使用不同的毛笔、硬笔等工具以及宣纸等材料，体验不同的艺术效果。	学会分析和评价相关艺术作品。
高三 上	选修模块：素描基础	通过欣赏优秀的作品，帮助学生理解素描的概念，认识素描的作用和表现方法。	能了解素描的基础知识并能运用这些知识进行基础的素描写生学习、体会，最终达到创作的目的。	通过长期和短期的作业，进行针对性的训练，让学生学会整体的观察和描绘。	通过启发学生的思想、感情和提供文化背景知识帮助学生将素描技法与思想情感的表达相结合并从文化的角度理解素描的不同表现方式。

（续表）

项目\要求			图像识读	美术实践	审美判断	文化理解
高三	下	选修课程：色彩基础	色彩基础由色彩知识和色彩写生等学习内容组成。了解色彩知识，理解色彩创作和设计，色彩的调配、色彩与情感的关系，以及色彩在不同文化中的应用等；懂得用色彩写生，如静物写生、风景写生、人物写生。			

2. 学校美术特色课程

美术对陶冶情操，提高学生审美力，了解国画的魅力，增强爱国情怀等作用不可或缺。作为小庙中学的高中生要能够写一手漂亮的汉字，懂得国画欣赏及绘画基本技能；从学生中选择美术天赋较好的，进一步培养，争取进入高校深造（见表2-7）。

表2-7　合肥市小庙中学美术课程体系表

时　间		项目	内　　　容	负责人
高一	上	卡通画	能描述卡通画的基本特征，会利用基本表现方法创作卡通画。	周继勇马红海
	下			
高二	上	书法	书法教学是陶冶学生情操、提高学生审美水平的重要途径，学生写好字既是学好科学文化知识的基础，又是加强学生情感、意志等良好心理品质培养的有效手段。教师应该针对学生年龄阶段的特点，适时、适度、适量地加以培养，使书法艺能够真正地继承并弘扬。	
	下			
高三	上	选修课程	有选择地开设选修课程，满足不同学生的学习需要。	

（二）音乐课程

1. 国家课程体系

表2-8　国家课程体系（音乐）

项目\要求			审美感知	艺术表现		文化理解	
高一	上	必修模块（一）音乐鉴赏	能够了解简单的音乐语言与要素，懂得怎么去欣赏音乐。	能够欣赏、了解并学唱民歌，激发学生对民歌的学习兴趣。	通过欣赏器乐与戏曲，让学生了解中国传统文化的博大精深。	能够大致了解世界代表性的音乐流派，拓宽学生的艺术视野。	能够了解世界音乐的代表性人物。

项目　　要求		审美感知	艺术表现		文化理解	
高一	下	必修模块（一）音乐鉴赏	了解音乐不同时期的音乐风格。	了解世界经典音乐的概况。	了解中国近现代音乐的发展概况。	了解中国近现代的音乐家代表及其代表作品。	
高二	上	必修模块（二）歌唱	学会简单的科学的歌唱方法，从而提高歌唱能力。	了解赞美祖国的歌曲作品，激发学生的爱国热情。	了解赞美田野的作品，激发学生热爱大自然、热爱家乡的热情。	了解合唱艺术的种类、合唱队的创编及合唱欣赏，激发学生对合唱的兴趣。	了解世界音乐的大体概况及感受经典。
	下	必修模块（四）音乐与舞蹈	通过欣赏和聆听音乐作品，培养学生把握音乐律动的能力。	通过欣赏不同风格的舞蹈作品，归纳总结舞蹈常见基本的动作。	了解音乐与舞蹈的关系及舞蹈音乐的选择。	让学生了解常见的舞蹈动作及其语言。	让学生了解创作舞蹈的相关知识。
高三	上	必修模块（五）音乐与戏剧表演	让学生了解戏剧、戏剧的种类、戏剧的基本特点。	让学生了解戏曲的结构及唱腔。	让学生了解戏曲中音乐的构成及肢体动作。	让学生重点了解京剧、黄梅戏并能够学唱几个简单的唱段。	学生表演简单的戏曲唱段。
	下	必修模块（六）创作	音乐律动创作。	音乐旋律创作。	简单的舞蹈创作。	创作简单的戏曲。	

2.学校音乐特色课程

音乐可以陶冶情操，启迪智慧。要让每一个学生懂得欣赏音乐之美，能唱一首完整的歌，会识简谱，简单地利用一件乐器表演一个节目。学校从音乐天赋较好的学生中发掘人才，进一步培养，使之进入高校深造（见表2-9）。

表2-9　合肥市小庙中学音乐课程体系表

年级	学期	课程项目	核心素养			负责人
			审美感知	艺术表现	文化理解	
高一	上	识简谱	能认识简单简谱	能唱简单简谱	了解简单的音乐节奏	高前勇
	下	合唱	初步认识、感知合唱声部	唱简单的二声部歌曲	知道欣赏音乐之美	高前勇
高二	上	笛子	认识、了解该乐器	吹奏简单的笛子曲		高前勇
		钢琴	弹奏简单练习曲	弹奏简单钢琴曲	音乐艺术表现	高前勇
	下	乐理	音程之前的部分	高三（上）学习音程之后的乐理部分		高前勇
高三	上	音乐高考	系统训练准备迎接音乐统考			高前勇
	下	音乐汇展	音乐考生专业统考结束，全面系统地投入文化课			高前勇

三、灵敏课程

灵敏课程是灵性课程的又一个重要部分，包括：运动技能、生命意识、健康心理、健身习惯等。下面重点介绍体育与健康课程设计构想。体育与健康是全面发展教育的物质基础，让我们的生命活力十足，为学生的学习生活提供了保障，我校体育与健康课程体系同样是基于国家育人诉求而制定的。

1. 国家课程体系

表2-10　国家课程体系（体育与健康）

项目 \ 素养要求		体育知识	运动能力	健康行为	体育品德
高一	上　田径、健康教育	了解田径运动和健康教育的基本知识和技能。	基本掌握所学田径运动的基本动作技术和组合动作技术；一般体能和专项体能的水平有一定提高。	掌握所学田径运动的动作技术和组合动作技术，并在比赛情境中予以运用，初步形成解决学练和比赛情境中问题的能力；学会安全地参加运动，能够预防和简单处理运动中常见的运动损伤。	积极参加教学比赛，表现出较充沛的体力；了解运动产生疲劳的原因，并能采取合理手段与方法积极进行身心恢复；在练习和比赛中精神饱满，具有较好的竞争意识和合作精神，能够调控自己的情绪，正确对待比赛胜负。
	下　足球	了解足球运动的基本知识和技能，了解足球发展历程。	对足球运动具有一定的认知和理解，能够掌握所学足球运动的动作技术和基础配合，并在足球游戏活动和小场地比赛中予以运用；初步掌握获取足球运动知识的多种途径和方法。	一般体能和专项体能水平明显提高；学会安全地参与足球运动，能预防和简单处理足球运动中常见的运动损伤；遵守规则，相互尊重，具有一定的挑战自我的能力。	能够完整地参加五对五、七对七、十一对十一的教学比赛；能够遵守规则、服从裁判、相互尊重、顽强拼搏、挑战自我、奋发向上，能调控自己的情绪变化，正确对待比赛胜负。
高二	上　篮球	了解篮球运动的基本知识和技能，了解篮球发展历程。	认知和理解篮球运动，掌握篮球运动的动作技术，并在篮球运动和半场比赛中予以运用；一般体能和专项体能的水平有一定程度的提高。	初步形成在篮球学习和比赛中分析问题和解决问题的能力。学会处理篮球运动中出现的疲劳问题并积极进行身心恢复。	能够遵守规则、服从裁判、相互尊重、顽强拼搏、挑战自我、奋发向上，有较强的配合能力和公平竞争的意识，能调控自己的情绪变化，正确对待比赛胜负。

（续表）

项目	素养要求		体育知识	运动能力	健康行为	体育品德
高二	下	乒乓球	了解乒乓球运动的基本知识和技能，了解乒乓球发展历程。	能够掌握乒乓球运动的动作技术和基础配合，在乒乓球活动和简单比赛中予以运用；初步掌握获取乒乓球运动知识的多种途径和方法。	初步形成在乒乓球学习和比赛中分析问题和解决问题的能力；一般体能和专项体能水平明显提高；学会处理乒乓球运动中出现的疲劳问题并积极进行身心恢复；学会安全地参与乒乓球运动。	能够完整地参加教学比赛，表现出充沛的体力，具有应对场上变化的能力；遵守规则、服从裁判、相互尊重、顽强拼搏、挑战自我、奋发向上，正确对待比赛胜负。
高三	上	武术	了解武术的基本知识和技能，了解武术发展历程。	学生能够运用所学武术的拳法、指法和腿法等基本动作和有关知识做出合理的防身自卫动作，懂得武术的动作含义和主要原则；一般体能和专项体能的水平有一定程度的提高，初步掌握获取武术运动知识的多种途径和方法。	理解运用法律保护自己以及所学武术技能的意义，初步形成在一定程度的对抗情境中快速做出决策的能力；学会安全地参与防身术运动，能预防和简单处理武术运动中常见的运动损伤。	具有一定的应对场上变化的能力；表现出较充沛的体力；能够调控自己的情绪，具有合作精神和竞争意识，表现出沉着冷静、果敢灵活、自强自信、遵守规则、相互尊重等优良体育品德。
	下	健身操	了解健身操的基本知识和技能，了解健身操发展历程。	能够配合音乐节奏正确做出8～10个基本步伐和基本步伐的组合套路；在感受音乐的节奏、力度和情绪的基础上，做出与音乐融合的动作。	能初步做出由15～20个动作组成的16个8拍的组合套路，表现出良好的节奏感和身体协调能力，以比较优美的姿态和动作进行个人展示和团队展示；学会安全地参与健身健美操运动，能预防和简单处理健身健美操运动中常见的运动损伤。	学会处理健身健美操运动中的疲劳问题并积极进行身心恢复；在充分理解音乐风格、内涵的基础上，较好地展示动作的美，精神饱满、身心愉悦，表现出较充沛的体力，具有良好的合作意识及克服困难、坚持不懈的意志品质。

2. 学校体育与健康特色课程

体育与健康关乎学生身心健康成长，关乎民族未来发展，如何培养学生们自觉的体育锻炼习惯是非常重要的事情；从学生学业负担来看选择性必修和选修的学生选择较多，而且体育锻炼与学业负担冲突不大，处理得当对学习效率还有促进作用。因此，应尽可能充分地开发学校体育与健康校本课程。结合现有师资力量，开设下列课程（见表2-11）。

表2-11　合肥市小庙中学体育与健康课程体系表

年级	学期	项目	核心素养			负责人
			运动能力	健康行为	体育品德	
高一	上	搏击与散打	课程基本教学内容和需要达到的运动能力效果。① 散打基本功：肩臂练习、腿部练习。② 散打基本技术：步型、步法、拳法、踢腿、防守、摔法等。③ 散打实战技术：条件实战，拳法、腿法。模拟实战：拳法＋腿法＋摔法。实战：教学比赛实战。	搏击散打运动的重要特征是要求运动者掌握基本且先进的技术，不断提高运动技术水平。而武术散打对参与者身体素质要求的全面性反过来能更好地促进如柔韧、协调、平衡、灵敏、速度、力量、耐力等身体素质的更全面均衡地发展。	武术散打运动是一项对身心综合能力要求较高的运动。青少年为了顺利完成训练并力争取得优异的运动成绩，必须进行专门的训练，就需要克服平时难以克服的困难。这就充分满足了培养意志品质的基本条件，从而能有效地培养青少年诸如勇敢、顽强、机智、果断等意志品质。而且经常互相配合进行武术散打训练中的各种模拟的攻防动作练习，观摩研究他人的动作，青少年能在武术散打训练特有的相互较量的训练氛围中发展各种心理能力，使人格变得更完善。	侯克嵩

（续表）

年级	学期	项目	核心素养			负责人
			运动能力	健康行为	体育品德	
高一	下	健身操	能根据音乐节奏正确做出基本步伐的组合套路；感知音乐的节奏、力度和情绪，做出与音乐融合的动作；初步辨识出基本步伐的姿态美，展示个人和团队的动作，并能与同伴进行一定的交流与合作。	能做出由15～20个动作组成的16个8拍的组合套路，表现出良好的节奏感和身体协调能力，以比较优美的姿态和动作进行个人展示和团队展示；学会安全地参与健身健美操运动，能预防和简单处理健身健美操运动中常见的运动损伤。	积极参加展示和比赛，能初步运用规则对动作技术水平进行评价；学会处理健身健美操运动中的疲劳问题并积极进行身心恢复；在充分理解音乐风格、内涵的基础上，较好地展示动作的美，精神饱满、身心愉悦，表现出较充沛的体力，具有良好的合作意识及克服困难、坚持不懈的意志品质。	刘胜祥
高二	上	足球	能够掌握足球运动的动作技术和基础配合，并在足球游戏和小场地比赛中予以运用；初步掌握获取足球运动知识的多种途径和方法；基本掌握并能够运用足球运动安全防护知识，表现出一定的合作能力，按照基本规则参与足球游戏和比赛。	一般体能和专项体能水平明显提高；初步形成在足球学习和比赛中分析问题和解决问题的能力；学会安全地参与足球运动，能预防和简单处理足球运动中常见的运动损伤。	比赛中表现出比较充沛的体力，具有一定的应对场上变化的能力；学会处理足球运动中出现的疲劳问题并积极进行身心恢复；能够相互尊重、遵守规则、顽强拼搏、挑战自我，有较强的配合能力和公平竞争的意识，服从裁判、正确对待比赛胜负。	缪军

年级	学期	项目	核心素养			负责人
			运动能力	健康行为	体育品德	
高二	下	篮球	具有一定的认知和理解篮球运动的动作技术和基础配合，并在篮球活动和半场比赛中予以运用；基本掌握并能够运用篮球运动安全防护知识；按照基本规则参与篮球游戏和比赛。	初步形成在篮球学习和比赛中分析问题和解决问题的能力；体能和专项体能水平明显提高；在足球教学比赛中有一定的情绪调控能力；遵守规则，相互尊重，具有一定的挑战自我的能力，学会安全地参与篮球运动，能预防和简单处理篮球运动中常见的运动损伤。	能够完整地参加三对三、五对五的教学比赛，表现出比较充沛的体力，具有一定的应对场上变化的能力；能够遵守规则、服从裁判、相互尊重、挑战自我、顽强拼搏、奋发向上，有较强的配合能力和公平竞争的意识，正确对待比赛胜负。	周高余成贵
高三	上下	体育高考（田径四项）	基本掌握所学田径四项运动（100米、800米、立定三级跳远、原地推铅球）的基本动作技术和组合动作技术；一般体能和专项体能的水平有一定提高；初步掌握获取田径运动知识的多种途径和方法。	体能和专项技能的水平明显提高；掌握所学田径四项运动的动作技术和组合动作；并在比赛和考试情境中予以运用，学会解决练习、比赛和考试情境中问题的能力；有安全意识，能够预防和简单处理运动中常见的运动损伤。	积极参加练习、比赛和考试，表现出较充沛的体力；了解运动产生疲劳的原因，并能采取合理手段与方法积极进行身心恢复；在练习、比赛和考试中精神饱满，具有较好的竞争意识和合作精神，能够调控自己的情绪，尊重裁判，正确对待比赛胜负和考试成绩。	刘凯

四、灵透课程

灵透课程重在对学生科学与探究精神的培养，包括：科学态度、思维训练、批判精神、创新意识等。如数、理、化、生、地综合实践活动开展等。下面重点介绍地理实践活动课程（见表2-12）。

表2-12　合肥市小庙中学地理特色课程体系

年级	学期	课　程　项　目			
		区域认知	人地协调观	综合思维	地理实践力
高一	上学期	地球知识 自然探秘（重点）	了解人类对自然 环境的影响	感知世界 世界博览	地理实验、地理 模型制作
	下学期	环境观念 地球大观	探索区域文化 乡土调查（重点）	绘制世界地图 探寻世界	地理实践活动 现象模拟
高二	上学期	全球视野 探寻地球	区域文化 人文世界	观察世界 摄影天地	区域考察 信息地理
	下学期	解码地球	文化研究	人地情缘	研在路上
高三	上学期	自然资源 地球家园	人地探寻	区域发展	地理拾趣
	下学期	专题讲座 迎接高考	专题讲座 迎接高考	专题讲座 迎接高考	专题讲座 迎接高考

通过灵性课程开设，学生综合素质得到提高，改变了过去单一的智育成绩评价方式，学校"多元评价，综合发展"的模式已经基本形成。

第四节

课程实施呈现育人方式

　　课程实施是将理论的课程方案付诸实际的关键环节，课程实施呈现育人方式是课程自在的必然要求，为了实现灵性教育，我们着手建设灵性课堂、创建灵性学科、建设灵性社团并搭建灵性教育舞台。

一、建设"灵性课堂"，让课堂更符合艺术特长生的发展

　　课堂是课改的主阵地，是教学改革成功的关键，在课堂改革中要突显尊重学生天性、育人灵性的办学理念。课堂改革向着真实的情景再现，打破课堂空间禁锢，向更广阔的大自然和生产生活真实社会迁移，注重课堂活动组织和实施，培养学生探究和创新精神。"灵性课堂"注重真实情景营造，以问题为导向，探究式、互动式、启发式教学，唤醒学生已知经验，培养学生学习兴趣；"灵性课堂"倡导开放化，释放学生自然天性，培育学生探究精神；"灵性课堂"重视活动化，调动学生动手能力，培养学生创新意识。

二、建设"灵性学科"，让学科建设更富有特色

　　遵人天性，育人灵性，就是要开设学生喜闻乐见的、兴趣浓厚的学科，点燃学生们学习的热情，激发学生学习兴趣。体育学科：在完成国家课程基础上，学校充分挖掘自身有限的资源，开设满足学生不同需求的体育学科特色课程——武术、乒乓球、篮球、足球、象棋、田径高考四项等。美术学科：在完成国家课程基础上，学校充分挖掘自身有

限的资源，开设满足学生需求的美术学科特色课程——素描、国画、写生、书法等。音乐学科：在完成国家课程基础上，学校充分挖掘自身有限的资源，开设满足学生需求的音乐学科特色课程——钢琴、声乐、合唱等。

三、建设"灵性社团"，满足艺术特长生的兴趣爱好发展

社团能很好地把一批有相同兴趣爱好的学生组织在一起，相互交流，相互探讨，取长补短，共同提高，增进友谊，提高学习兴趣。学校在师资紧缺的情况下，师生共同想办法组建了13个社团（见表2-13）。

表2-13　合肥市小庙中学社团表

序 号	社 团 名 称	学 生 人 数
1	武术社团	146
2	跆拳道社团	25
3	自由搏击社团	10
4	足球社团	12
5	篮球社团	20
6	乒乓球社团	6
7	象棋社团	6
8	国画社团	8
9	书法社团	23
10	钢琴社团	5
11	合唱社团	20
12	文学社团	46
13	心理健康社团	12

四、展示"灵性成果"，搭建丰富多样的舞台

过程性管理很重要，但是，终结性评价也是不可小觑的，成果展示环节，学校为学生展示学习成果搭建很多舞台，以展示自我成果，建设自我信心（见表2-14）。

表2-14　合肥市小庙中学"灵性成果"表

序　号	舞　台　项　目	目　　的
1	传统武术专用场地	弘扬传统文化
2	搏击教室及设备	培养学生搏击特色
3	绘画展览长廊	展示学生绘画风采
4	艺术创意空间（美术专用教室）	以美术为主的艺术创意
5	音乐专用教室（钢琴室、声乐室）	音乐创意专用
6	科学创意空间（创新实践活动专用教室）	科学创意
7	艺术大舞台	展示学生艺术风采

　　总之，农村学校如果只是从文化课单项发展很难满足学生个性化需求和改变教学落后的现状，若想要建立学生的自信，助其找到前进的动力，必须挖掘学生潜能，另辟蹊径。在完成国家规定的课程基础上，引导学生从体育、美育、劳动教育等方面找到人生奋斗方向。而实现这一目标，只有在全面洞察学校外部环境的基础之上，完整把握课程自在的文化处境，清晰认识课程变革的制度环境和现实可能，才有可能实现课程改革的更好发展。

（撰稿者：吴寿虎　童辉）

第三章

全面的课程自审

　　自审就是自己审查，全面的课程自审是基于已有课程自知和自在基础之上的自我审查，课程理念愿景的合理与否，课程培养目标的科学解读，课程内容框架的适切程度，课程路径方位的再度检验，而最可实施操作的正是对课程目标的审查，目标体现着理念愿景，决定了课程的内容框架，内容框架又制约着课程实施的路径方法。

自审就是自己审查，全面的课程自审是基于已有课程自知和自在基础之上的自我审查，课程理念愿景的合理与否，课程培养目标的科学解读，课程内容框架的适切程度，课程路径方位的再度检验，而最为重要的正是对课程目标的审查，目标决定了课程的内容框架，内容框架制约着课程实施的路径方法。

课程目标是对育人目标的进一步细化，自上世纪中期新中国成立以来，我国基础教育阶段的育人目标主要经历了三个阶段，从最初提倡"双基"，到三维目标，而后是对学生核心素养的重视，这是一个不断完善的过程，核心素养包括了学生适应社会生活所需的能力以及品格。而现阶段的课程目标正是对学生核心素养的进一步细化，它告诉我们某一教育阶段的学生在课程学习之后，于德、智、体、美、劳各个方面期望实现的程度。

课程目标的审查，首先要结合时代要求，符合国家教育方针和学校培养目标；其次要基于对当代社会生活需求、学科体系发展、学校在地文化以及学生身心发展特征等各个方面的研究。一所学校确定课程目标并不难，关键是如何在审查的基础上优化课程目标，课程目标的优化要基于各个阶段的培育目标，也就是学校期望培养什么样的人，并将之具体化，如学校要培养学生的核心素养，就要在各个阶段形成独具特色、界定清晰的培育目标。

除了课程目标的审查，全面的课程自审还要审视学校课程哲学、分析学校课程体系、监测学校课程实施，而这每一个环节，都如课程目标的审查一样，既要符合课程自身的规律，又要关注学生的身心发展。

如合肥市蜀山区潜山路学校，提出了致力于培养"向德、乐思、健体、尚美、善合"的少年儿童。基于对课程目标的审查，学校发现空洞的课程目标难以为课程实施者所理解和操作，为优化学校课程目标，使之更易于实践，学校把"向德、乐思、健体、尚美、善合"五个培养目标细化，形成了不同层次的阶段培育目标，且各个阶段的培育目标独具特色。

该校很好地关注了时代发展对学生提出的新要求，正如培育目标中所提到的"善合"，高年级的"善合"指的是善于倾听不同的意见，能在合作交流中有效沟通，主动积极参加各类实践活动等。当今社会，无论是学习还是工作，"善合"都是至关重要的。而这，正是学校对课程目标审查后的优化。

（撰稿者：甘香瑞）

合肥市潜山路学校位于合肥市贵池中路安居苑西村，西邻合肥市五十中学西区，南邻国防科技大学电子对抗学院，浸润在蜀山区优质教育文化的核心区域。潜山路学校创建于1981年3月，后又于2013年创办丽景校区，形成贵池路校区和丽景校区，共40个教学班，在校儿童1 890人，教师108人。学校教育设施设备齐全，校园环境优美整洁，校园文化氛围浓郁，办学特色显著。在全体师生的共同努力下，学校先后被授予"国际田联少儿趣味田径项目实验学校""全国软式棒垒球实验学校""全国传统文化进校园项目示范校""安徽省语言文字规范化示范学校""省模范职工之家""省一级电教达标单位"、省级"构建以校为本的教研机制"实验基地、省级"体育传统项目（田径）学校""安徽省基于微课的翻转课堂项目实验校""安徽省禁毒教育示范校""合肥市双拥活动先进集体""合肥市关心下一代先进集体""合肥市体教结合先进单位""合肥市红领巾示范学校""合肥市家长学校""合肥市绿色学校""合肥市科普示范单位""合肥市语言文字示范校""合肥市数字化校园"等荣誉称号。在品牌发展之路上，学校办学美誉度逐年上升，赢得社会的信赖。

第一节

审视学校课程哲学

　　学校课程中师生的价值追求和意愿是课程哲学的具体体现，自审的第一步就是对课程哲学的审视。潜山路学校在对学校文化背景分析的基础上，结合学校"三自教育，幸福生活"的办学理念，提出学校"潜心教育"的哲学，确定了学校课程哲学。

一、学校教育哲学

　　学校发展愿景：让师生充满自信心，养成良好的心理素质；让师生拥有幸福感，体验人生的成长快乐。根据多年的办学经验，并结合校训，学校提出"三自教育，幸福生活"这一核心办学理念，围绕"教书育人、管理育人、服务育人"三条主线，用先进的文化激励人、塑造人、感染人，用科学的理念引导人、启发人、陶冶人，努力让我们的校园成为儿童扬起生命风帆的港湾，成为儿童温暖快乐的港湾，成为儿童多彩激情的港湾，让所有的儿童发挥他们的潜能并变成一个会学习的人。

　　真正的教育是心心相印的活动，唯独从心里发出来的，才能到达心的深处。这句话完美阐释了我校"潜心教育"这一教育哲学理念，揭示了学校教育的真谛：应坚持以儿童为中心，知儿童心中所想，做儿童心中所求。我们认为，对儿童而言，"潜心教育"就是通过春风化雨、润物无声的关爱与教育，让每个潜校学子都能绽放属于自己的精彩；对教师来说，"潜心教育"就是"静下心来教书，潜下心来育人"，努力引导儿童形成学习的期待与向往，在兴趣培养、习惯养成、方法习得和品格塑造上下功夫，给儿童一个快乐而健康的童年。"潜心做教育"是我们的初心，也是我们的理想和追求。我们的教育信条是：

我们坚信，每个儿童都是一朵花；

我们坚信，教育就是让每朵花尽情绽放；

我们坚信，学校是一个繁华似锦的地方；

我们坚信，每一个生命的成长都值得赞美；

我们坚信，每个儿童都能在这片沃土自由生长。

二、学校课程理念

"潜心教育"是真正大教育观的核心体现，是每个教育实施者践行职业良知的必然之路。"潜心教育"是儿童心中的红太阳，鲜艳而明亮；"潜心教育"如和煦的春风在荡漾，温暖而馨香；"潜心教育"孕育成功，托起希望，让童年有了飞天的梦想。基于"潜心教育"这一教育哲学，我校提出的课程理念是：让每朵花儿尽情绽放。学校教育本着以儿童发展为本，努力构建优质的教育体系，以促进儿童自主发展、促进教师自我成长、促进学校持续发展，让课程能实现儿童的梦想，让课程为儿童成长奠基。该理念引领下的"幸福花"课程具有以下内涵特质：课程即快乐生活的源泉，课程即健康成长的阳光，课程即多元发展的土壤，课程即自我展示的舞台。

——课程即快乐生活的源泉。没有"生活"，就没有新课程，现实生活就是儿童最好的学习环境，广阔迷人的自然界，异彩纷呈的社会生活，及智慧而又审美的人文生活，都是课程实施的资源和课堂本身。所以，我们的课程要从儿童社会生活经验出发，从儿童个体发展，个性需求出发，办致力于儿童一生的教育，提供多彩儿童生活，让儿童在生活中学习，在活动中收获，在体验中享受生活的快乐、自由。学校课程应根据生活即教育的理念，围绕着"生活"展开积极的创新，以满足儿童个体发展的需要。

学校课程是动态的、生长性的"系统"。我们的课程生长的方向要贴近儿童的需求，尊重和满足儿童的个体差异，更有效地促进儿童的发展。让儿童生动、快乐的成长过程，更需突出其自由的生长性。

这就需要我们树立正确的儿童观、课程观，积极实现为不同的儿童提供适应自己兴趣与潜能拓展的多元课程，尤其是个性发展课程的多样化，以满足儿童多元需求，促进儿童的长远发展，让儿童学有所乐、学有所成，找到适合自己的成长、发展之路，努力使每一位儿童的潜能都得到充分开发，得到适合自身素质特点的最佳发展。

——课程即展示自我风采的场所。"拥有自信，迈向成功。""幸福花"课程就是以儿童的兴趣为核心，通过搭建一个个绚丽的舞台，让每个儿童能在这里展示自己的才华，锻炼自信勇敢的精神品质，挖掘自己的潜能，在丰富的活动中获得自信，获得成功。

第二节

回望学校课程目标

目标体现着理念愿景，决定了课程的内容框架，内容框架又制约着课程实施的路径方法，回望学校课程目标于课程自审而言是必不可少的一个环节。

一、学校育人目标

我们提出致力于培养"向德、乐思、健体、尚美、善合"的少年儿童的育人目标。具体如下：

——向德：懂礼仪、讲诚信。做文明人、行文明事，讲究诚信。

——乐思：会学习、乐探究。有强烈的求知欲望，善思好问，思维特别活跃，想象力也很丰富，有发现、探索、掌握新事物的能力。

——健体：会锻炼、强体魄。能坚持体育锻炼，拥有强壮的体魄，养成良好的锻炼习惯，具备优良的身体素质和心理素质。

——尚美：会审美、爱生活。儿童具有欣赏美、感受美的能力，充满爱心，气质文雅，会生活、爱生活，提升生活情趣。

——善合：会合作、爱表达。认真"倾听"、善于"交流"、乐于"表达"，与他人能和睦相处，具有良好的合作意识和团队精神。

二、学校课程目标

为实现育人目标，我们把"向德、乐思、健体、尚美、善合"这五个培养目标进行细化，形成低中高的三级培育目标。具体如下（见表3-1）。

表3-1 合肥市潜山路学校 "幸福花课程" 年段目标表

育人目标 课程目标 \ 年段目标	低年级	中年级	高年级
向德	使儿童初步具有关心他人、关心集体、诚实、勇敢、不怕困难等良好品德，讲究诚信。初步养成讲文明、懂礼貌、守纪律的行为习惯。	使儿童初步具有爱祖国、爱人民、爱劳动、爱科学的思想感情，初步具有关心他人、关心集体等良好品德，以及初步分辨是非的能力。逐渐养成讲文明、懂礼貌、守纪律的行为习惯。	儿童已形成爱祖国、爱人民、爱劳动、爱科学、爱社会主义和爱中国共产党的思想感情，关心他人、关心集体、诚实、勇敢、不怕困难等良好品德，以及分辨是非的能力，养成讲文明、懂礼貌、守纪律的行为习惯。
乐思	热爱学习，掌握低年段文化课程标准规定的要求，基本养成听说读写的良好习惯。学会观察周围环境，培养一定的兴趣爱好。	热爱学习，逐渐形成浓厚的学习兴趣，掌握中年级文化课课程标准规定的要求，进一步养成听说读写的良好习惯，能注重联系实际，初步将所学习知识与技能运用于生活，学会思考，会思考。	热爱学习，保持浓厚的学习兴趣。掌握高年级文化课课程标准规定的要求，达到课程标准规定的学业水平。养成较好的听说读写的良好习惯，能熟练地将所学运用于实践，掌握科学的学习方法，有探究精神。
健体	积极参与体育活动，初步掌握简单的技术动作，通过广播操、舞蹈等多种身体练习形式，形成正确的身体姿势。感受到体育活动给自己的生带带来的乐趣。会玩1～2项体育游戏。	形成参与运动的兴趣和爱好，形成坚持锻炼的习惯，形成健康的生活方式，乐观开朗的生活态度。发扬体育精神，积极进取，基本掌握1～2项运动技能。	能积极参加体育活动，保持愉快的心情，使性格变得开朗大方，动作更协调。具备灵敏、力量、耐力、协调等方面的身体素质，通过国家体质健康测试，掌握2～3项体育运动技能，并成为特长项目。

课程目标　　年段目标 育人目标	低　年　级	中　年　级	高　年　级
尚美	知道生活基本常识，识记良好习惯要求，并在学习生活中逐步形成。关心爱护自己的生活环境，初步学会爱护环境，不乱扔垃圾。形成对学习、对生活的自信与活力。形成爱班级、爱学校、爱父母、爱老师的真实情感。	懂得基本的做人道理，具备必要的处事能力，形成基本的行为习惯。理好个人与环境的关系，保护好自然，对班级爱护的责任感。树立较强的自信心。爱心社会环境，能保护自然，保护自己，对班级爱护的责任感，爱学校，爱社区的情感。	懂得基本的为人处事的基本准则，树立正确的人生观，具有积极向上的人生态度，高尚的生命意识，明确人生的价值、意义，爱护自然，社会的关系，具有基础的环保意识，认识人类与自然的相互依存关系。拥有强烈的社会责任感，具有诚实、守信的品格，培养言行一致的自信心，养成良好的行为习惯。形成较强的自信心，充满活力，充满智慧，爱社会、爱国家的情感。具有爱家乡、爱社会、爱国家的情感。
善合	与别人交谈，态度自信大方，有礼貌。能认真听别人讲话，努力了解主要内容，有表达的自信心，积极参加讨论，敢于发表自己的意见，有合作意识。	经历与他人合作解决问题的过程。学会认真倾听，听人说话能把握主要内容的地方向人请教，就不同的意见与见解，能够清楚地表达自己的感受和见解，加强合作精神。	善于倾听不同的意见，能在合作交流中有效沟通，与人交流能尊重和理解对方，听人说话认真耐心，能抓住要点，并能简要转述。乐于参与分工合作，能主动与他人交换意见，积极参加各主地参与集体生活。主动做家务，积极参加各类实践活动。

第三节

分析学校课程体系

分析学校课程体系是课程自审的重要内容。潜山路学校以"潜心教育"为核心，以培养"向德、乐思、健体、尚美、善合"品质少年为育人目标。

一、学校课程逻辑

课程逻辑决定了课程结构，是整个课程体系的重要部分。在教育哲学引领下，结合我校"三自教育，幸福生活"的办学理念，紧紧围绕课程理念"让每一朵花儿尽情绽放"，我校"幸福花"课程逻辑如下（见图3-1）。

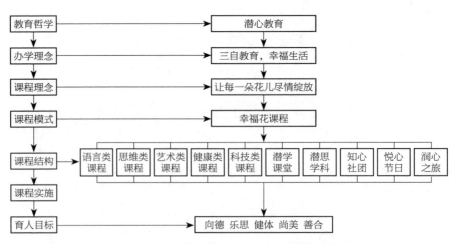

图3-1　合肥市潜山路学校"幸福花"课程逻辑图

二、学校课程结构

每个儿童都有自己独特的需求，学校需要给儿童提供不同的课程来实现"让每朵花儿尽情绽放"的发展目标，因此，"幸福花"课程分为健康、语言、思维、艺术、科技五个领域（见图3-2）。

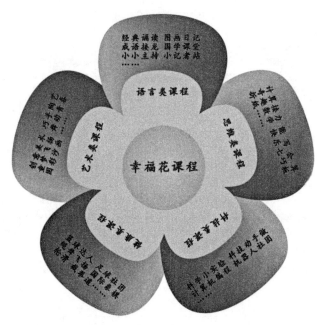

图3-2　合肥市潜山路学校"幸福花"课程结构图

三、学校课程设置

根据"幸福花"课程结构图，结合学校课程资源情况，对课程的内容体系进行系统构建（见表3-2）。

表3-2　合肥市潜山路学校"幸福花"课程设置表

年级 \ 课程	国学堂	科技屋	健身馆	梦工厂	敏思室
一年级第一学期	绘本天地 百科阅读 经典诵读 童话故事 最美童谣	巧手摆小棒 恐龙大拼图 乐高积木搭搭乐 趣味科学动手做	亲子趣味田径（一） 绳舞飞扬 棒球操 少儿跆拳道	合肥地方戏 妙笔儿童画 巧手泥塑 英文小话剧 亲子阅读展示会	能写会算 计算接力七巧板 玩转扑克 神奇的数 植物讲堂

提升学校课程品质

课程\\年级	国学堂	科技屋	健身馆	梦工厂	敏思室
一年级第二学期	绘本天地 百科阅读 经典诵读 童话故事 最美童谣	巧手摆小棒 恐龙大拼图 乐高积木搭搭乐 趣味科学动手做	亲子趣味田径（一） 绳舞飞扬 棒球操 少儿截拳道	合肥地方戏 妙笔儿童画 巧手泥塑 英文小话剧 亲子阅读展示会	能写会算 计算接力 七巧板 玩转扑克 神奇的数 植物讲堂
二年级第一学期	小小主持人 楷书基本法 儿歌创作室 走进经典 纪念日课程	自制玩具DIY 植物小百科 数学小制作 乐高积木搭搭乐 趣味科学动手做	亲子趣味田径（二） 转转呼啦圈 少儿跆拳道 棒球操	咿呀学戏曲 童声合唱（一） 巧手剪艺 课本剧 亲子阅读展示会	有趣的人民币 美丽的图形 我是小管家 跳骚市场 走进大自然
二年级第二学期	小小主持人 楷书基本法 儿歌创作室 走进经典 纪念日课程	自制玩具DIY 植物小百科 数学小制作 乐高积木搭搭乐 趣味科学动手做	亲子趣味田径（二） 转转呼啦圈 少儿跆拳道 棒球操	咿呀学戏曲 童声合唱（一） 巧手剪艺 课本剧 亲子阅读展示会	有趣的人民币 美丽的图形 我是小管家 跳骚市场 走进大自然
三年级第一学期	楷书欣赏课 隶书基本法 朗读者 走进经典	数独 巧算24点 科学影像节 科学幻想画 科技手抄报	棒垒训练营 田径基础 篮球小达人 少儿跆拳道	戏曲大观园 琴声悠扬 童声合唱（二） 课本剧	横式之谜 竖式之谜 花园与周长 科技之旅 磁铁游戏
三年级第二学期	楷书欣赏课 隶书基本法 朗读者 走进经典	数独 巧算24点 科学影像节 科学幻想画 科技手抄报	棒垒训练营 田径基础 篮球小达人 少儿跆拳道	戏曲大观园 琴声悠扬 童声合唱（二） 课本剧	横式之谜 竖式之谜 花园与周长 科技之旅 磁铁游戏
四年级第一学期	现代诗词赏析 汉字寻根 走进经典 锦绣民族节 雏鹰假日小队 主题月	玩转牛顿 天才程序员 STEAM课程 电脑创意画	棒垒训练营 田径基础 传统体育游戏	灵韵民乐社 绣工坊 小小芭蕾 心理剧	有趣的图形 幸运转盘 科学计数 巧算内角和 科技之旅 神秘的宇宙

课程\年级	国学堂	科技屋	健身馆	梦工厂	敏思室
四年级第二学期	现代诗词赏析 汉字寻根 走进经典 锦绣民族节 雏鹰假日小队 主题月	玩转牛顿 天才程序员 STEAM课程 电脑创意画	棒垒训练营 田径基础 传统体育游戏	灵韵民乐社 绣工坊 小小芭蕾 心理剧	有趣的图形 幸运转盘 科学计数 巧算内角和 科技之旅 神秘的宇宙
五年级第一学期	校园小记者 国学经典大家诵 雏鹰假日小队 主题月	天才程序员 我爱小发明 STEAM课程 科技DV	田径进阶 趣味电子竞技 足球计划 传统体育游戏	民族舞蹈基础 镜头艺术 心理剧	面积变形师 图解因数 图解分数 数据分析师 宇宙的奥秘
五年级第二学期	校园小记者 国学经典大家诵 雏鹰假日小队 主题月	天才程序员 我爱小发明 STEAM课程 科技DV	田径进阶 趣味电子竞技 足球计划 传统体育游戏	民族舞蹈基础 镜头艺术 心理剧	面积变形师 图解因数 图解分数 数据分析师 宇宙的奥秘
六年级第一学期	校报编辑部 经典影视配音师 毕业典礼 主题月	传统算术 智慧机器人 STEAM课程 变废为宝我来做	棋类 校园吉尼斯 传统体育游戏	少儿版画 现代舞蹈基础 心理剧	图形变幻 理财高手 计算变形记 炫彩设计 绿色行动
六年级第二学期	校报编辑部 经典影视配音师 毕业典礼 主题月	传统算术 智慧机器人 STEAM课程 变废为宝我来做	棋类 校园吉尼斯 传统体育游戏	少儿版画 现代舞蹈基础 心理剧	图形变幻 理财高手 计算变形记 炫彩设计 绿色行动

第四节

监测学校课程实施

除了课程体系，课程自审还要对课程路径方位进行再度检验，潜山路学校在"让每朵花儿尽情绽放"课程理念引领下，学校"幸福花"课程从"潜学课堂""潜思学科""知心社团""悦心节日""润心之旅"五个方面深度推进课程实施与评价，使每个儿童在课程这片沃土上尽情绽放。

一、构建"潜学课堂"，推进课堂有效实施

学校以课堂教学为抓手，以"潜学课堂"标准为依托，探索"潜学课堂"中儿童自主学习的构建途径，促进教师课堂教学水平不断提升。

（一）"潜学课堂"的文化内涵

依据学校的办学思想和目标，学校着力构建"潜学课堂"文化形态。"潜学课堂"的关键是"潜心教学"，在教师的激励下，学生学习自主性得到极大提升，更愿意主动参与到学习活动中来。和谐的师生关系对学习知识的建构具有重要的意义。"潜学课堂"尊重儿童的差异性，使不同层次的儿童在课堂上均有所收获；"潜学课堂"利于启迪儿童心灵，引发儿童创造性地思考，学习是双向的沟通交流，而不是教师单向的输出，更不再是儿童被动的接受。学校通过"潜学课堂"的构建，使师生在课堂中有探究、有发现、有合作、有思想碰撞，有智慧共生，课堂变得高效。

（二）"潜学课堂"的实践操作

"五环节"课堂导学模式的基本要求如下。

（1）情境创设：因教学内容而设定，学习主体深度融入其中，能让学习

者积极主动建构知识的所有学习环境之和，和情境融为一体的儿童的学习积极性被充分调动起来，教学的有效性逐步提高。教师要深入钻研教材，精心设计导学案，围绕教学目标创设教学情境，激发儿童的学习兴趣，调动儿童的学习动力。

（2）自主学习：儿童根据教师提供的自学提纲（自学指导、自学思考题）充分开展自学，解决问题，找出难点和疑点。要求儿童通过自学，对教材内容做到初步了解，能够领悟其中的知识要点、解题技能和思想方法，并会用自己的语言表述、总结所学内容，发现自学中存在的问题，确定易混点、模糊点并积极动脑思考研究。教师要在深入理解教材内涵的基础上设置恰当的问题，引导儿童理解和掌握教学内容中所蕴含的思想方法。

（3）交流展示：自学结束后，展示、交流自学环节的学习成果，儿童分组合作，讨论解疑，教师主动参与其中，与儿童共同讨论。儿童通过展示自己对教师提出问题的解答过程，反映自己对知识与思想方法的理解和领悟程度。这是儿童相互学习，相互促进的重要环节。在组长的带领和组织下，对问题深入剖析和研讨，反复论证形成自己的解决方案，并向全班展示。教师在指导过程中要具有敏锐的观察力，及时发现各小组的问题，有针对性地引导解答和点拨。

（4）点拨提升：儿童在相互交流后，针对仍不能解决、不能理解或理解不够深刻的地方，教师进行有效的引导和点拨。何时点拨？点拨什么内容？教师要心中有数。教师首先是对学习成果展示进行点评，表扬优秀，指出问题。其次，对儿童模糊不清的疑难点给予准确的答复。再次，对突出的重难点问题进行归纳总结，教师的讲解力求详尽。最后是利用评价激励机制使课堂效果更优。

（5）达标反思：在课堂最后测评时，让儿童独立完成达标测评，以检查儿童本节课的学习情况。每班须成立四人或六人一组的学习小组（注意学科优势均衡组合），儿童做完检测题后，小组内结对互相批改，儿童在小组长的监督下当堂改正错题。然后由学习小组小组长向教师汇报本组儿童做题情况，课终的达标测评既是对整节课的总结和提高，也是对儿童学习情况的了解，因此至少要留10分钟时间，只有充足的时间才能使达标测评落到实处，保证课堂收到较好的效果。

（三）"潜学课堂"的评价标准

依据"潜学课堂"导学模式，为凸显"潜学课堂"的特征，学校制定了"潜学课堂"具体的评价标准（见表3-3）。

表3-3　合肥市潜山路学校"潜学课堂"五环节导学评价表

五环节导学评价表			
教学价值观：教师引导儿童自主探究式学习			
评价指标		教师行为标准	儿童行为表现
1. 设置探究任务情境		① 与教学目标紧密关联 ② 与儿童生活紧密关联 ③ 能激发儿童的认知冲突 ④ 能激发儿童的求知欲望	跃跃欲试
2. 指导儿童自主探究	（1）支架设计	① 引导儿童自学问题，直击知识本质 ② 问题值得探索 ③ 问题难度在儿童的最近发展区 ④ 问题之间的逻辑清晰 ⑤ 问题类型既有知识类问题也有方法类问题	
	（2）儿童单独思考	给予足够时间	安静思考
	（3）组内观点交流	① 指导儿童发表观点的方式、方法 ② 指导儿童澄清观点的方法（观点及依据） ③ 指导儿童澄清观点之间的差异 ④ 指导儿童认识到不同观点的立场不同 ⑤ 指导儿童取长补短，整合观点	（组长：主持人 记录人：扼要记录不同观点及分歧） 每个人都发表观点讨论达成共识 蜂巢式的嗡嗡声
	（4）组际观点分享	教师引导儿童发现不同小组不同观点的差异，引导儿童形成有理有据的共识	认真倾听
3. 归纳提炼	帮助儿童建立知识结构	图示中的关键点及之间的关系合理，易于儿童理解、记忆	恍然大悟
4. 及时反馈	查漏补缺	① 留出10分钟时间检测，与教学目标契合 ② 能检验目标达成度，能巩固强化课堂所学	自知自明
5. 教师理答		（1）儿童回答错误，则关注儿童的思维过程，指明儿童的错误想法，并给予积极的鼓励，对回答合理的部分给予积极肯定 （2）儿童回答正确，则不仅仅关注儿童回答出正确答案，还关注其思维过程，追问儿童观点的依据，并给予肯定性的、个性化的评价	

二、建设"潜思学科"，丰富学科课程体系

在"让每一朵花儿尽情绽放"这一课程理念引领下，学校以"潜思学科"构建为抓手，进一步丰富学科内容，促进儿童个性发展和教师的专业化成长。

（一）"潜思学科"的建设路径

1."本真语文"课程群

语文课程兼具人文和工具的特点，是一门关于语言文字学习和应用的综合性课程。基于对语文课程标准的研究学习，为有效践行"语文课程是一门学习语言文字运用的综合性、实践性课程"这一课标性质，我校提出了"本真语文"的课程理念，使教育回归最本真的状态，追寻语文教育的根源。"本真语文"课程体系力求让儿童用心灵拥抱语文，分别从识字写字、品味阅读、综合性学习、口语交际、习作表达五方面达成育人目标（见表3-4）。

表3-4 合肥市潜山路学校"本真语文"课程设置表

年级 类别		拓 展 课 程				
		本真识写	本真阅读	本真表达	本真写作	本真综合
一年级	上学期	趣味识字	《三字经》绘本花园	我们交个朋友吧	我绘我心	认识校园一角
	下学期	偏旁部首大集合	古诗诵读（春夏篇36首）诗润童心	校园生活真快乐	创编童谣	识花认草
二年级	上学期	与字典交朋友	《弟子规》（上）古诗诵读（秋冬篇22首）童话故事	我爱大自然	看图写话	快乐淘宝
	下学期	有趣的字谜	《弟子规》（下）古诗诵读（山水田园、名山大川15首）寓言故事	我是故事大王	看图写话	我是小雷锋
三年级	上学期	写好钢笔字	《笠翁对韵》（上）古诗诵读（童真童趣6首，传统节日8首）中国神话故事	丰富的课外生活	观察日记	触摸大自然

（续表）

类别 年级		拓 展 课 程				
		本真识写	本真阅读	本真表达	本真写作	本真综合
三年级	下学期	书写与书法	《笠翁对韵》（下） 古诗诵读（思乡篇10首，爱国篇8首） 世界儿童经典文学	一日主播	生活日记	小小志愿者
四年级	上学期	趣味多音字区分同音字	《大学中庸》（上） 古诗诵读（送别篇6首，边塞篇6首） 童声诗韵	我们去旅游	我是小诗人	古韵春联
	下学期	墨韵书法	《大学中庸》（下） 古诗诵读（劝学篇6首，托物言志篇12首） 话说三国	三国故事会	我心目中的"三国英雄"	成语讲坛
五年级	上学期	汉字六书	《论语》（节选） 古诗诵读（咏史怀古篇10篇） 论"水浒英雄"	"语"妙天下	佳作有约	说名道姓
	下学期	软笔书法大赛	《论语》（节选） 古诗诵读（哲理篇6首） 上下五千年	开讲啦	读史明智	故事剧场
六年级	上学期	古词选诵	追字溯源 人物传记	金话筒	给偶像的一封信	新闻直播间
	下学期	古文选诵	汉字听写大赛 古诗、名著擂台赛	"辩"幻莫测	我的第一本作文集	记忆沙滩（我的成长足迹）

2."思趣数学"课程群

数学是对客观事物的模式和结构进行描述的一种手段，是学习和研究科学技术的一种基本工具，根据《义务教育数学课程标准（2011年版）》对数学学科的释义，我们在不断的教学实践中，提出了"思趣数学"的学科概念，旨在追求"思从趣生，思趣共生"的境界，让儿童在乐学、善思的过程中提升数学学科素养，让儿童在思索中聪颖，在趣味中成长。"思趣数学"课程致力于追求善思、乐学的境界，通过促思想、勤乐思、重明辨、重实用的学习过程，促进儿童学科素养的发展，达到学用交融的目的（见表3-5）。

表3-5 合肥市潜山路学校"思趣数学"课程设置表

学年（学期）		思趣认数及运算	思趣图形	思趣运用
一年级	上学期	趣味识数	图形的计数（一）	巧妙推算
	下学期	数的计算	图形游戏	智力趣题
二年级	上学期	平均分的妙用	图形的拼与分	乘除法实际问题
	下学期	巧算加减法	图形的计数(二)	有趣的推理
三年级	上学期	加减法中的巧算	图形的计数（三）	五彩缤纷的"分数条"
	下学期	乘法中的巧算	图形的面积	制作年历
四年级	上学期	简便计算	垂线和平行线	简单的周期
	下学期	运算律	三角形的三边关系	解决问题的策略
五年级	上学期	生活中的正、负数	面积计算中的推理	不安分的小数点
	下学期	有趣的等量关系	奇妙的圆	倍数和因数
六年级	上学期	简便计算	长方体和正方体表面积的变化	假设与替换的策略解决问题
	下学期	单位"1"的转化	圆柱的表面积、圆柱和圆锥的体积	正比例和反比例的应用

3. "Dream英语"课程群

源于《义务教育英语课程标准（2011版）》，旨在让儿童了解基本的英语语言知识，掌握基本的听、说、读、写能力，形成基本的英语交流技能。基于英语学科的特点，围绕我校的"合作学习"理念，我校英语组经过反复研讨，合力开发出"Dream英语"特色课程。借助互帮互助的学习模式，鼓励儿童通过教师情境创设、小组内自学、交流展示、教师点拨、达标反思五个环节，充分调动小组内"帮、扶、带"。具体诠释为以下5个字母开头的单词构筑的意义（见表3-6）。

表3-6 合肥市潜山路学校"Dream英语"课程设置表

学期		Daily English	Retell	Enjoy English	English Activities	Magic English
三年级	上学期	A word a day	我爱说单词	玩转字母	动物乐园	神奇字母操
	下学期	A word a day	我爱说单词	玩转字母	动物乐园	神奇字母操

（续表）

学期	年级\课程	Daily English	Retell	Enjoy English	English Activities	Magic English
四年级	上学期	A phrase a day	我是领读员	玩转单词	多彩节日	神奇歌谣
	下学期	A phrase a day	我是领读员	玩转单词	多彩节日	神奇歌谣
五年级	上学期	A sentence a day	英语趣配音	规范书写我能行	我爱传统	神奇阅读
	下学期	A sentence a day	英语趣配音	规范书写我能行	我爱传统	神奇阅读
六年级	上学期	A passage a day	绘本我推荐	妙笔生花我在行	文化世界	神奇光影
	下学期	A passage a day	绘本我推荐	妙笔生花我在行	文化世界	神奇光影

4."多彩体育"课程群

学校根据体育与健康课程标准的要求，结合本校实际情况，对学校的体育教学资源进行整合，提出"多彩体育"课程，使学校的整个体育教学成为一个灵活的系统，既有国家课程作为骨架支撑，又有具有学校特色的体育课程来进行填充，真正做到以人为本，将儿童的发展放在首位（见表3-7）。

表3-7 合肥市潜山路学校"多彩体育"课程设置表

年级\课程类别	多彩参与	多彩技能	多彩健康	多彩品质
一年级	开心家园	广播操	认识自己	一级方程式
二年级	袋鼠跳	棒球操	趣味田径	速度轮滑
三年级	独角兽	投掷大力士	安全游戏	跆拳道
四年级	开心捕鱼	花样跳绳	卫生防疫	快乐篮球
五年级	穿越火线	花样踢毽	运动损伤	快乐足球
六年级	飞夺关爱	少年长拳	青春期成长	迷你马拉松

（二）"潜思学科"的评价要求

学校将过程性评价与终结性评价紧密结合，立足于儿童的终身发展，着眼于三个维度，即知识与能力、过程与方法、态度与价值现，将学习基础知识、努力提高学科技能放在首位，将陶冶儿童情操有机地融入教与学之中，坚持"教—学—评"的一致性，制定了形式多样、内容丰富的评价内容，主张进行多元评价，关注儿童个体差异，注重学科素养的全面提升。

（1）关注过程性评价。我校教师在日常教学中更充分考虑儿童特点，不仅关注儿童在学习过程中的情况，而且关注儿童的综合素养和实线力，各学科教师设计多样的评价量表，注重学科素养的全面提升。

（2）评价内容多样化。课程群要在学科学习的基础上，更加注重儿童的学习体验，评价内容可以从儿童学习的态度兴趣、情感体验、经历成长等方面进行，从多维度、多角度对儿童进行全面的评价量表评价。在课堂上相互展示，积极讨论、及时有效地评价，学期结束时的展示和积极有效的评价。通过自评互评、展示总结、交流学习收获和经验等方式，使儿童对一个学期学习的内容有一个总体的回顾和思考，有利于儿童今后的课程学习。

（3）评价标准纵向化。学科课程群的评价要顾及儿童的发展水平不同，多采取纵向比较的评价，少进行横向比较的评价，引导儿童与以前的自己相比，重在引导每个儿童自主梳理、展示交流、发现优势、获得自信，找到努力的方向。

（4）评价方式特色化。为充分发挥评价在教育过程中的激励作用，促进儿童向更高品质发展，学校创新评价方式，制定了《"六自"好少年评价方案》，分别是自主少年、自知少年、自信少年、自律少年、自立少年、自强少年，对儿童进行多元评价。

三、创建"知心社团"，发展儿童兴趣爱好

社团是满足儿童个性需求，发展儿童兴趣特长，实现儿童全面发展的重要平台，为全面落实"向善、睿智、健康、儒雅、勤劳"的育人目标，学校开设了丰富的社团活动，并以"知心社团"课程为载体进行实施。

（一）"知心社团"的主要类型

"知心社团"是学校"幸福花"课程的重要组成部分，也是课程实施的主要途径，包括语言类、科学类、运动类、艺术类、思维类五个领域，社团课程结构如下（见表3-8）。

表3-8　合肥市潜山路学校"知心社团"课程设置表

社团分类	社 团 名 称
语言类	小小主持人，"阅拼"阅有趣，校园小记者，红领巾广播站
科技类	小小发明家，航模，哈利·波特的天文课，感觉统合，机器人普及课程
运动类	田径，玩转篮球，越踢越勇，绳舞飞扬，围棋，轮滑，击剑
艺术类	快乐小乐队，少儿陶艺，固彩沙画，小提琴，拉丁舞，葫芦丝，合唱团，非洲鼓，吉他，少儿形体，跆拳道，竹笛，武术
思维类	计算力（最强大脑之六维能力），国际动漫，专注力（视觉、听觉专注力）

（1）创建语言类社团，打造灵慧学子。语言类社团是语言类课程的重要组成部分，包括小小主持人、"阅拼"阅有趣、校园小记者、红领巾广播站等特色社团，注重激发儿童的语言学习兴趣，实施听、说、读、写等语言素养的训练，实现人文素养的全面提升，将儿童培养成为智慧灵动的少年。

（2）组建科技类社团，激发科技潜能。科学类社团是科技类课程领域的重要组成部分，包括小小发明家、航模、哈利·波特的天文课、感觉统合、机器人普及课程等特色社团，注重激发儿童对自然科学和社会百科的求知欲、好奇心，培养儿童解决问题的创造能力和动手能力，将儿童培养成为心灵手巧的少年。

（3）创建运动类社团，打造活力学子。运动健康类社团是健康类课程领域的重要组成部分，学校结合自身特色，开展田径、玩转篮球、越踢越勇、绳舞飞扬、围棋、轮滑、击剑等特色社团，注重激发儿童参与体育活动的兴趣，将儿童培养成为身心健康的少年。

（4）形成艺术类社团，让儿童的艺术天分得到展现。艺术审美类社团包括快乐小乐队、少儿陶艺、固彩沙画、小提琴、拉丁舞、葫芦丝、合唱团、非洲鼓、吉他、少儿形体、跆拳道、竹笛等特色课程，全面发展儿童的艺术特长，培养儿童的审美能力、艺术素养和生活情趣，将儿童培养成为温婉优雅的少年。

（5）在思维社团中体验逻辑的美。思维类社团是思维类课程领域的重要组成部分，包括旨在培养计算力的"最强大脑之六维能力"、国际动漫社团，旨在提高专注力的视觉、听觉专注力社团等，此类社团活动可以帮助儿童养成较强的逻辑思维能力。

（二）"知心社团"的实施

学校制定了"知心社团"招募和开展活动方案，在方案的统领下，每学期举行社团招募，每个社团出示主题海报，为公平起见，学校提前通知家长，统一时间线上选课，吸纳学子。社团成立后，进行团队建设，在辅导教师的带领下制定社团章程和活动计划。所有社团的活动时间和地点都相对固定，并有科学的计划和内容，对社团成员和辅导员都有详细的要求，并提炼后上交学校，统一制作后张贴在社团活动教室。每次社团活动开展均有记录，辅导员根据活动主题有序地组织开展。让社团充分参加到学校的各项活动中，并利用"社团嘉年华"进行集中展示和评奖，学校还将搭建更好的舞台让社团走出校园。

（三）"知心社团"的评价要求

为推动"知心社团"的蓬勃发展，促进师生共同成长，学校在每学期末对社团的开展情况进行评价表彰活动。

（1）对儿童的评价。学校制定全校层面的评价方案，每一门课程的具体实施由教师制定评价标准和评价量表，对儿童进行过程性和终结性评价，通过评价量表、问卷反馈、成果展示等形式对儿童进行多方面评价。评价量表主要包括儿童日常学习中的表现，如出勤率、学习态度、合作能力等，以儿童自评、小组评价及任课教师评价为主，学习成果的展示主要是作业作品、心得体会等展示交流，通过展评达到相互激励学习的目的，使儿童体验成功，拥有自信，发展特长。每学年评选一次"最美社团""最美社团学员"，各社团每学年结束前向学校领导小组提交相关的书面申请报告和相关活动材料，学校根据社团的申报材料和对该社团平时情况的掌握进行综合评定，儿童评价合格可以选择另外一门课程或者继续这门课程的深入学习。

（2）对教师的评价。每学年评比表彰一次"最美社团辅导员"，由学校领导小组、社团成员对社团活动进行考评、表彰。

四、举办"悦心节日"，浓郁学校课程氛围

"悦心节日"包含中国传统节日课程和其他节日课程。国家重大节庆日、纪念日、主题教育日都蕴含着丰富的教育资源，有深厚的文化内涵，学校以节日文化课程为依托，通过体验节日文化习俗的方式，开展"文化寻根"活动（见表3-9）。

（一）"悦心节日"的课程设计

表3-9　合肥市潜山路学校"悦心节日"课程设置表

课程名称		课 程 内 容	课程实施
四季节日	健笔节	一年级：四格漫画比赛 二年级：《品读经典》诵读比赛 三年级：书香淘宝节 四年级：手绘本创意比赛 五年级：《品读经典》阅读指导课 六年级：儿童文学海报创作	全校师生共同参与，在四季的课程中体验、锻炼、收获
	艺术节	"潜晚"大舞台、书法绘画展	
	体育节	体质健康测试、"绳舞飞扬"、篮球赛、亲子拔河比赛	
	科技节	科幻画展创意DIY、科技动手做	
传统节日	春节	写春联、剪窗花、包饺子、学民俗	学期开始，各班进行节日认领，开展"节日来我班"活动，针对自己班级认领的节日进行课程设计，制定课程方案，辐射全校儿童
	元宵节	做花灯、猜灯谜、吃元宵、巧手做	
	端午节	包粽子、念屈原、观龙舟、爱国情	
	重阳节	敬长辈、学感恩、做家务、孝长亲	
	腊八节	知习俗、学做粥、齐分享、快乐多	
专题节日	元旦	迎新年、嘉年华、秀才艺、展风采	
	母亲节	动手做送祝福、写书信表心意	
	劳动节	大扫除齐动手、好习惯要坚持	
	教师节	动手做送祝福、写书信表心意	
	国庆节	知国庆铭记心、爱国家见行动	

（二）"悦心节日"的课程评价

"悦心节日"全员共同参与，师生共同组成一个评委组，对每个"悦心节日"的每个环节进行综合打分评测。

（1）方案设计（20分）：能做到主题鲜明，有良好的教育意义；形式多样，内容丰富。

（2）活动情况（40分）：儿童能充分展示自我，能做到团队合作，起到良好的互动效果。

（3）活动效果（30分）：能在体验中完成课程目标，师生活动兴致高，儿童收获多，能起到良好的教育意义。

（4）后期管理（10分）：能做到及时总结，做好记录反思，形成经验进行分享。

五、推行"润心之旅"，开启研学游活动

亲近自然，走入社会，观察、体验、感受校园外的天地。"润心之旅"课程旨在让儿童从学校的课堂中解放出来，到大自然、社会中寻求知识的真理。有效利用广泛的社会资源红色基地、传统文化教育基地、大好河山等让儿童去看、去听、去感悟，让丰富的课外体验润泽每个儿童的心田。

（一）"润心之旅"的课程内涵

"润心之旅"课程强调以儿童发展为本，突出儿童的主体地位，关注儿童的生活、兴趣和发展，在保证安全的基础上为儿童提供多样的课程套餐，为儿童未来奠定基础。

"润心之旅"课程一方面通过开发"美好安徽"课程，带领儿童在读书中发现，在家乡中寻找，在实践中感受，了解家乡文化故里、风景名胜，激发儿童热爱家乡的情感，传承中华文明；另一方面，通过开展亲近大自然等研学课程，指导儿童在观察、记录和思考中，培养主动获取信息、分析解决问题的能力。具体如下（见表3-10）。

表3-10 合肥市潜山路学校"润心之旅"课程实施方案表

年级	学期	主题	地 点	目 的
一年级	上学期	亲近自然	官亭林海	发现大自然，观察大自然，热爱大自然
	下学期	历史足迹	非物质文化遗产园	了解家乡历史
二年级	上学期	亲近自然	滨湖森林公园	热爱大自然
	下学期	科普之窗	合肥海洋馆	了解科技，感受科技魅力
三年级	上学期	我的家乡	合肥野生动物园	了解家乡的历史风情
	下学期	历史足迹	渡江战役纪念馆 广州野生动物园（暑期实践活动）	了解家乡历史
四年级	上学期	走进自然	植物园、世博园	亲近大自然，体验种植树木
	下学期	探访名人故里	刘铭传故居（暑期实践活动）	了解家乡名人，感受安徽璀璨历史

（续表）

年级	学期	主题	地 点	目 的
五年级	上学期	合肥美食	罍街美食	品味家乡美食，体验制作过程
	下学期	探访名人故里	李鸿章故居 武汉神农架风景区（暑期实践活动）	了解家乡名人，寻根文化之旅
六年级	上学期	走进安徽	三河古镇	了解合肥历史，传承中华文明
	下学期		宣城泾县之旅（暑期实践活动）	

（二）"润心之旅"的评价要求

为促进"润心之旅"课程的有效开展，学校从组织管理、内容实施和儿童发展这几方面开展评价（见表3-11）。

表3-11　合肥市潜山路学校"润心之旅"实施评价表

评价项目	评 价 标 准	评价方式	目的
组织管理（25分）	1. 教师参加研学游课程的培训，学习相关理论知识 2. 实施准备充分，教师在活动中的指导准备充分，儿童活动前的知识及工具准备充分 3. 学校及教师在实施研学游旅行计划时，做好安全方案和应急预案 4. 后勤保障	教师、儿童、家长问卷调查	
内容实施（50分）	1. 设置科学合理的课程内容，符合小学各年段儿童的年龄特点，有明确的研学目标、研学内容和评价方式 2. 注重儿童的实践体验和探索研究。关注儿童的体验过程，通过丰富的活动内容，引导儿童在实践中收获知识、能力和情感体验	查阅活动设计及评价方案 追踪活动开展情况	
儿童发展（25分）	儿童参与度高，学习体验丰富多彩，探索实践能力逐渐提高	展示儿童学习成果	

学校教育的核心是课程，优化高效的符合儿童成长规律的课程决定了学

校教育的高度。因此，我校不断进行自上而下、自下而上的沟通交流，对学校的办学理念、课程理念和育人目标进行自我审查，力求教师们在长期的认同过程中，形成默契，从而共同开发出具体的校本课程，从实践上对课程理念进行印证，进一步理顺办学理念、课程理念和课程运作之间的逻辑关系，最终构建一以贯之、协调、顺通的潜校课程体系。

（撰稿者：夏家彩　王芳　王大勇　孙衡　雷飞　李璇　方琼　杜爱华）

第四章

课程自为意味着我们对课程自在的不满足，意味着我们开动脑筋积极谋划学校整体课程变革，意味着我们积极挖掘学校课程变革空间，意味着我们通过直面本己的课程实践培育新的文化，意味着我们在积极的卷入中推进课程深度变革。

积极的课程自为

按照萨特的观点，自为之在是自我规定自己存在的，是超越世界并且在超越世界时使之存在。[①]通俗的理解，自为之在是人对现实的不满足，是面对自我的觉醒和行动。

对学校课程变革而言，课程主体按照课程发展规律，通过自身的自觉行为，积极参与学校课程变革，实现课程品质的提升就是课程自为。课程自为意味着我们对课程自在的不满足，意味着我们开动脑筋积极谋划学校整体课程变革，意味着我们积极挖掘学校课程变革空间，意味着我们通过直面本己的课程实践培育新的文化，意味着我们在积极的卷入中推进课程深度变革。[②]这种积极的卷入，体现在对课程结构以及课程设置的不断探索。

课程结构是课程内部的配合组织，正如课程之骨架。上世纪中期至今，基础教育课程结构经历了以学科为中心的"苏式"、以生产劳动为中心、以政治为中心、以自然科学为中心以及去中心化与综合均衡化五个阶段。[③]这无不体现着积极的课程自为。相比于最开始的学科中心，第五阶段真正关注到了学生的全面发展，关心学生的实践能力，关注学生的生活世界而不仅仅是科学世界。

课程设置是学校各类课程的设立和安排，它规定了学校的不同课程在各个年级的安排顺序、学时分配以及相应的课程要求。本世纪以来，人们在课程设置上进行了很多的探索与尝试，越来越多地关注课程之间的关联性，关注课程与社会的密切联系。

课程群的出现，正是基于对课程结构和课程设置的探索。根据美国后课程理论专家多尔（William E. Doll）提出的著名的"4R"标准：丰富性（Richness）、回归性（Recursion）、关联性（Relation）和严密性（Rigor）。[④]要赋予课程以丰富的文化联系，而以特色整合的方式优化学校课程设置的课程群，正是这一标准的体现。课程群并不是简单地把课程聚集在一起，而是基于知识体系自身特点以及学生思维方式建构的，是有密切联

① 萨特. 存在与虚无［M］. 陈宣良，等，译. 北京：生活·读书·新知三联书店，2007：263-264.

② 杨四耕. 自主性变革：走向课程自觉的美好境界［J］. 中国教育学刊，2020（05）：66-70.

③ 殷世东，龚宝成. 我国基础教育课程结构的变革、经验与反思［J］. 河北师范大学学报（教育科学版），2020，22（02）：37-46.

④ 小威廉·E. 多尔. 后现代课程观［M］. 北京：教育科学出版社，2015：301-309.

系的课程体系，可以加强科学世界与生活世界的联系，促进学生核心素养的形成。

如合肥市五十中学天鹅湖教育集团结合安徽合肥地方特色、校情、学情设置的"L-O-V-E课程"，该课程在横向上对学校所开设的课程进行分类，在纵向上致力于学科课程群的建设以丰富"love"学科，展现学科独特魅力，这不仅是根据学校"成为多元开放，和谐共生的高品质中学"的愿景和办学理念所确定的，更是对学校课程设置的整合优化，是学校积极课程自为的探索。

"L-O-V-E课程"由四个模块构成。L课程（Life）：即专题聚焦课程。以专题式学习突出生命教育，生涯教育，让学生塑造自我、悦纳外物。O课程（Outstanding）：即学科特色类课程。它承接和拓展国家各学科课程，让学生提升思维、启迪思想。V课程（Versatile）：即兴趣爱好类课程。以兴趣特长为学习内容，陶冶情操，展示个性。E课程（Effective）：即节庆仪式类课程。结合节庆仪式鼓励学生实践担当，知行合一。

合肥市五十中学天鹅湖教育集团目前包括三个校区：天鹅湖校区、望岳校区、蜀山外国语学校。天鹅湖校区，位于合肥市政务新区，校区占地75亩，建筑面积2.76万平方米，功能教室齐全，校园环境优美。望岳校区，东邻蜀山区行政服务中心，西有大蜀山。校区占地75亩，总建筑面积2.4万平方米，2016年秋季正式招生投入使用。蜀山外国语学校前身为始建于2006年合肥市政务区的文博中学，2009年交由五十中统一管理，成为五十中南区，是一所高起点、现代化的校区，2010年受到全国政协副主席张梅颖的视察，2018年5月走特色办学的道路，和北京师范大学深度合作，更名为蜀山外国语学校。经过十余年的发展，集团办学规模有了巨大的变化，班级由最初的6个壮大为152个；学生人数从2010年的308人剧增到2019年的7 281多人；教师人数从18人增至539人。十余年来在国家、省市区各级各界领导的关注和关怀下，在开放办学东风的吹拂下，集团发展快、体量大、质量优，与海内外学校共建共进。集团在办学模式上采取的是"一所龙头学校带多所成员学校"的模式，在管理上坚持"四个统一"：即统一领导、统一调配、统一计划和统一实施。

第一节

厚植学校课程理念与文化

厚植课程理念与文化是课程自为的重要表征。课程的改革是为了符合时代的需求，培养具有独立思想，具备强健身体的新时代青年，学校课程积极落实国家方针政策，旨在提升学生的多方面素养。

一、学校教育哲学

学校教育哲学立足学校的真实情况，将学生作为学校发展的主体，通过教师各具特色的教学方式与课程，旨在树立学生正确的学习和生活观念，使之茁壮成长，并且教师在课程建设中提升自我，完成自我的不断发展与突破，提高教育教学能力与水平。合肥市五十中学天鹅湖教育集团秉承"大爱于心，至真于行"的办学理念，不遗余力地发扬"真"的教育，培养"真"的人，将爱真理、求真知、做真人作为我校的育人目标。在此基础上，集团结合安徽合肥地方特色、校情、学情，设立了"L-O-V-E课程"。通过课程的学习，让学生能够真正地对学习产生兴趣，激发学习的热情，并在学习教材课程以外增添新的活动；通过课程的熏陶，引领学生独特的想象力和独立的思考能力；在素质方面引导学生体验自然，享受生活，增强学生民族自豪感，加强学生民族精神，激发学生的爱国心。

二、学校课程理念

（1）课程是情感需求。能让人们将理解的需要转移到交往中，去寻求快乐，摆脱紧张感和孤独感，满足中学生强烈的情感需求。

（2）课程是成长。生活是发展的，人在生命路途中不断成长是生活。课程的开展就是建立教师与学生的心灵沟通，如水般温和，接受生活乃至生命的多种形式，热爱生活与生命。

（3）课程是分享。教学是教育中的交往互助，对教学而言，师生一起分享理解的过程就是师生互助互惠共享课程的学习旅程。生命是一个学习旅程。

（4）课程是智慧。教育是有智慧的，教育的智慧是在于用智慧启迪智慧，用生命呵护生命，用创造支撑创造，用科学发展的教育思想、独到深刻的教育见解、生动活泼的校园文化、大气恢弘的教育改革、生命律动的人文情怀，让人体会到教育的至真至善至美。

第二节

精研学校课程目标任务

目标是行动的方向标，精研学校课程目标任务是课程实施的重要前提，也是课程自为的重要前提。

一、学校育人目标

合肥市五十中学天鹅湖教育集团秉承"大爱于心，至真于行"的办学理念，不遗余力地发扬"真"的教育，培养"真"的人，将爱真理、求真知、做真人作为我校的育人目标。学校要以"真"的教育，培养"真"的人。育人目标是：爱真理、求真知、做真人。师生以真理和知识作为判断标准，能因为服膺真理、习得真知而具有力量；成为真正的、大写的人。

——爱真理：爱，热爱。真理是人们对客观事物和规则的正确反映。合肥市五十中学的学生应具有爱真理的品质。通过学校课程实施，希望学生养成待人从真的品质，同时，感受到真理面前人人平等。

——求真知：追求、探究。真知即真正需要掌握的知识、真正需要懂得的求知方向和真正需要了解的规则。在日常的教育教学活动中，养成务实的精神，以实事求是的态度学习、调查、研究。在实践中形成真知，明辨是非，以真知贡献社会。

——为真人：实现学生成为一个身心健康、品质优良、勤奋学习、努力思考、勇敢探索的人。并在日常的学习和生活中，不仅关注科学精神，还能将具有人文关怀的柔情融入其中。具有严谨的科学精神和良好的科学探究意识，成为具有人文情怀的现代公民。

在此基础上，我校结合安徽合肥地方特色、校情、学情，设立了"L-O-V-E课程"。通过课程的学习，在知识方面，巩固教材知识的同时激发学生学习兴趣，丰富学习活动；在能力方面，培养学生丰富的想象力、发散思维能力，以及创新能力；在素质方面，引导学生感受自然，享受生活，增强学生民族自豪感，加强学生的民族精神，激发学生的爱国心（见表4-1）。

二、学校课程目标

表4-1　合肥市五十中学天鹅湖教育集团"L-O-V-E课程"目标表

阶段 育人目标	七 年 级	八 年 级	九 年 级
爱真理	通过课程学习，激发学生的学习热情，指导学生积极参加基础课程。	开设课程，发挥学科的美育功能，从不同侧面引导学生接受美的教育。	发挥学生的主导地位，培养学生掌握正确的学习方法，善于思考，主动探究的爱真理精神。
求真知	调动学生的课堂积极性，多角度多层次促进学生感知课本知识与客观道理。	重视学生的课程体验，在参加活动中，激发学生的探究精神，培养学生的创新能力，获得真知。	培养学生的独立求知能力，面对事物与问题可以具备正确的判断能力与思辨能力。
做真人	在课程中观察探究周围的世界，培养良好的生活习惯和学习习惯；感受自然，享受生活，培养热爱自然、热爱生活的情感；善于倾听，为自己建立真实而适当的学习目标。	教育和指导学生与人融洽相处，共同学习。善于合作，培养乐于合作的品质，以多种途径增强学生的民族精神，激发学生的爱国心。	重视学生听课反馈，让学生参加课堂革新和完善，发挥学生的主导地位，和教师一起充实教学内容，充实课程体系。

"L-O-V-E课程"是由Life生命课程、Outstanding研究性课程、Versatile艺术课程和Effective实用课程四个部分构成，在育人目标的指引下，课程四方面目标如下：

（1）Life生命课程——专题聚焦课程。在课堂中观察周围的世界，以课堂的教学促进生活习惯和学习习惯的养成与巩固，培养学生感受自然、享受生活、热爱自然的感情，培养学生与他人和谐相处、积极合作与共享的品格。

（2）Outstanding研究性课程——学科特色课程。通过课程学习，激发学生的学习动力，引导学生积极参与到基础课程学习中来，发挥学生的主导地位，培养学生掌握正确的学习方法，善于思考，主动探究。具有更丰富的想象力和定发散性的思考能力，有独特的见解和较强的思维能力，善于倾听，为自己树立合适的学习目标，更有效地完成国家和地方课程的学习。

（3）Versatile艺术课程——兴趣爱好课程。通过这些课程的开设丰富学生的活动，陶冶情操，让学生发现美、感受美，发展学生的个性特长；让学生全身心投入到课堂学习中，通过调动各种感官，加深学生对学习的理解。重视学生的课程体验，在参加活动中，不断启发学生的求知欲和创新能力。

（4）Effective实用课程——仪式节庆课程。通过这些课程的开设，让学生感受中华传统文化的源远流长，增强学生的民族自豪感，强化学生的民族精神，激发学生的爱国热情。重视学生听课，让学生参加课堂革新和完善，发挥学生的主导地位，和教师一起充实教学内容，充实课程体系。

第三节

深耕学校课程变革空间

课程自为是对课程自审结果的反应，意味着我们开动脑筋积极谋划学校整体课程变革，意味着我们积极挖掘学校课程变革空间。

一、学校课程逻辑

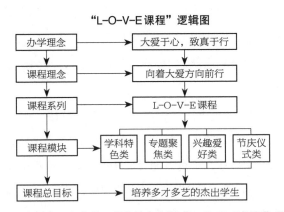

图4-1 合肥市五十中学天鹅湖教育集团"L-O-V-E课程"逻辑图

二、学校课程结构

"L-O-V-E课程"由四个模块构成。L课程（Life）：也就是专题聚焦课程。以特定的主题形式学习突出生命教育，终身教育，让学生塑造自己，悦纳外物。O课程（Outstanding）：即学科特色课程。它接受和开拓国家各学科课程，使学生提升思维、启发思想。V课程（Versatile）：即兴趣爱好类课程。以兴趣特长为学习内容，陶冶情操，展示个性。E课程（Effective）：

图4-2　合肥市五十中学天鹅湖教育集团"L-O-V-E课程"结构图

即节庆仪式类课程。结合节庆仪式鼓励学生实践担当，知行合一。

L课程（Life生命课程）：即专题聚焦类课程。包括生活之风入课堂，自主体验融生活两个大方面。生活之风入课堂，以专题的形式开展班级活动，如以诚信为主题的"诚信在心"，以青春期教育为主题的"我是女生"等；自主体验融生活则是带领学生走出课堂，以多样的形式了解生活，深入体会生活，如"安全在我心""呵护生命""模拟联合国""研学旅行"等。通过开设这些课程，学生能够感受自然之美，享受生活之美，增强对自然的热爱，对生活的热爱情感。

O课程（Outstanding研究性课程）：即学科特色类课程。这些课程的开设使学生积极参加基础课程的学习，发挥学生的主导地位，善于倾听，为自己树立合适的学习目标，更有效地完成国家和地方课程的学习。并让学生在发现各种学科从不同角度和侧面对文化的观察、问题和解决问题的过程中，展示和增强自己的创新精神和实践能力。

V课程（Versatile 艺术课程）：即兴趣爱好类课程，包括书法、篆刻、绘画、摄影、舞蹈、器乐、合唱等。通过这些课程的开设丰富学生的活动，陶冶情操，让学生发现美、感受美，发展学生的个性特长，使学生多才多艺。

E课程（Effective实用课程）：即节庆仪式类课程。鼓励学生从节庆仪式出发，自主地选择切合学生实际的问题开展研究和学习感悟，通过研究性学习获得对自我价值的认识和实践的体验，为学生多元智能的发展提供平台，让学生发展自己的个性和施展自己的才能。鼓励学生完善性格、培养品质，敢于质疑，勇于实践，勇于创新，追求卓越。这样的课程架构，是根据我们学校"致力于成为多元开放、和谐共生的高品质中学"的愿景和办学理念确定的。

三、学校课程设置

表4-2　合肥市五十中学天鹅湖教育集团"L-O-V-E课程"设置表

阶段 课程类别	七 年 级	八 年 级	九 年 级
专题聚焦课程	入学教育 交通法制课程 远足意志课程	青春期教育 研学旅行课程 心理课 模联社	青春期教育 心理课
学科特色课程	足球 地理学社 小法官课程	经典诵读 生活中的化学 足球 英语嘉年华课程 "希望之星"英语课程 辩论课程 地理学社 篮球课程 博雅课程	经典诵读 物理奥秘 魅力化学 生涯发展
兴趣爱好课程	心湖书法 心湖美术 魅力舞蹈 扬帆合唱 悠扬民乐 摄影小行家	心湖书法 心湖美术 魅力舞蹈 扬帆合唱 悠扬民乐 音乐鉴赏 小小科幻画	心湖书法 心湖美术 悠扬民乐 精彩辩论
仪式节庆课程	传统节日 纪念节日 学校节日 成长仪式 常规仪式	传统节日 纪念节日 学校节日 常规仪式	纪念节日 学校节日 其他节日

第四节

细察学校课程实施评价

　　课程实施即在课程建设的指导下进行教育实践的过程，积极的课程自为必然体现在积极的课程实施与评价之中。

一、构建"love课堂"，提升学校课程品质

表4-3　合肥市五十中学天鹅湖教育集团L-O-V-E课堂

课程	L课程（Life生命课程）：即专题聚焦类课程	O课程（Outstanding研究性课程）：即学科特色类课程	V课程（Versatile艺术课程）：即兴趣爱好类课程	E课程（Effective实用课程）：即节庆仪式类课程
课程内容	生活之风入课堂，以专题的形式开展班级活动，如以诚信为主题的"诚信在心"，以青春期教育为主题的"我是女生"等；自主体验融生活则是带领学生走出课堂，以多样的形式了解生活，深入体会生活，如"安全在我心""呵护生命""模拟联合国""研学旅行"等。	多样课堂创新知，主题多样、形式多样，给学生带来不一样的课堂体验，"激扬文字""湖畔论剑"，数学学科的"翻牌游戏"、数学竞赛、英语学科的"魔方口语""英语嘉年华"，物理学科"科技动手做""探索园地"，化学学科的"水果电池"、自制灭火器，生物学科的"标本世界"，地理学科的"关注湿地""仰望星空"，历史学科的"博雅课程""演绎历史""撰写历史""小志愿者"，思品学科的"我是小法官""法律与生活"，体育学科的"劲炫篮球""足球天下"。	包括书法、篆刻、绘画、摄影、舞蹈、器乐、合唱等。	学生从节庆仪式出发，自主地选择切合学生实际的问题开展研究和学习感悟。

课程目标	让学生感受自然，享受生活，培养热爱自然、热爱生活的情感；在同学的相处中平等待人，积极合作，携手共进。	刺激学生的学习热情，使学生积极参加基础课程的学习，发挥学生的主导地位，有效地完成国家和地方课程的学习。让学生在完成课程学习之余，留心学科文化，以培养自己的观察能力和思维的拓展。	丰富学生的活动，陶冶情操，让学生发现美、感受美，发展学生的个性特长，使学生多才多艺。	鼓励学生展现自己的个性，发挥自己的才能。鼓励学生敢于质疑、追求卓越，在实践中拓展思辨能力。

表4-4　合肥市五十中学天鹅湖教育集团"L-O-V-E课程"评价表

评价版块		具体要求	优秀	良好	合格	待合格
目标		1. 目的明确，针对学科特点和学生实际，符合学情。 2. 落实态度、情感、价值观在教学目标中的地位，参考方法、兴趣习惯等因素。 3. 教学的重点在于学生的多元发展。				
内容		1. 准确把握教材，丰富拓展资源。 2. 重难点把握准确，并有所突破。 3. 关注学生学习经验和认知水平，是传播真知的教育。				
过程	学生	1. 学习积极性高，情绪饱满，思维活跃；有竞争合作意识。 2. 通过实践，尝试相互合作、探索等手段，使用多种感官参加学习。 3. 解决问题，积极地收集和整理信息，从而形成自己的看法与观点。 4. 有倾听别人意见的习惯，进行正确的评价，拿出自己的意见，引出独特的感受性的能力。				
	教师	1. 上课具有饱满的情绪，尊重学生；教育观念新，在教育中运用新的教育理论、研究成果。 2. 可以创建有助于学生个性发展的开放学习环境，关心和尊重学生独特的感情体验。 3. 能合理利用现代教学资源。				
效果		1. 较好地完成教学目标。 2. 有积极的情感反应。 3. 不同层次的学生都能感受到成功的喜悦，有不同的收获。 4. 有主动学习的热情，体会到学习的快乐。				
总评						

二、丰富"love"学科，展现学科独特魅力

（一）"love"学科的建设路径

在学科课程群的建设上，即以某门课程为基础，构成与其性质相关或相近的课程，相互联系，形成相互照应的课程群。各课程群寻找一条主线，自己的结构合理，水平清晰，形成了连环式课程世界，从而使课程逐渐立体分布，达到"以一驱多"的效果。

语文学科课程主题是"爱于心，美于读"。（1）把L-O-V-E四类课程里和语文学科相关的课程进行整合，根据初中生语文"听说读写"能力要求把课程分为三个层次——从诵读教学到阅读教学到写作教学。诵读：熟读成诵，听朗读，诵经典，说故事。培养孩子听与说的能力。自主地"读万卷书"。读一篇，读群文，读整本书。通过读书促进孩子的积累，强化阅读能力，读写促进孩子的创作表现力。（2）承接"行在上路"四个阶段。整理行囊：在校本教材内加固项目。迈出脚步：结合教材内容自主拓展、项目研究。行走印记：走出课堂，走向图书馆、出版集团、广电中心。爱在远方：结合课程目标开展综合性体验活动、竞赛活动。（3）爱于心、美于读，提倡将"美"的感受融入语文学习，诵读、阅读、创读。提倡学生多读书，好读书，读好书；培养听说读写的能力；不断积累，学会表达、学会创作、彰显自我个性；找寻学习的乐趣，语文学科的美丽，生活的美好。

数学学科课程的题目是带着孩子一起做"思维体操"。课程追求"学生学习数学的兴趣，开发学生的思考，训练学生的思考"的目标。使学生在学习过程中提高数学学科的素养追求数学教育的真谛，使学生在智慧中变得聪明，在应用中成长。本校数学课程秉承"提高数学素养"的学科理念，面向全体学生，根据学生个性发展的需要，在课堂实施中，有兴趣地促进智慧，不断构建自己的知识体系，不断提高自己的数学素养。

英语学科课程建设主题是让学生在快乐活动中习得英语。英语听说课：听英文歌曲、看英美电影，外籍教师进课堂，师生互动说英文。读写课：培养学生的读解能力，促进用英语表达自己。注重英语口语在真实语境中的应用，不论是在学习或者生活情境中，孩子们都能掌握正确的英语语音、语调及表达方式，提升学生用英语进行交流的能力。在口语交流中，感受不同文

化的交流碰撞，在接受别国文化特征的同时又保有我国的民族自信。

物理学科明确提出了"知识物理学"这一学科理念。"知识物理学"的课程追求"知识爱好生"兴趣从智慧开始，智慧享受共生，追求初中物理教育的真谛，物理课程具有"享受知识物理"的学科理念，面向全体学生，根据学生个性发展的需要，在课程实施过程中，有兴趣地促进智慧，以人才进行教育。学生找到个性的学习方法，构建自己的知识体系，逐渐提升自己的物理素养，得到良好的物理教育。

化学学科旨在为培养具备科学头脑的现代青年打下坚实的基础，让学生能够切身地参与到探究中来，尤其体现在化学学科实验中，在实践中不断强化课本知识。学生了解人类发展的历程，重视科学的重要贡献，以自己的所思所得，所作所为在生活中科学地思考，科学地生活。

生物学科让孩子走出课堂，手脑动起来。让学生"在实验探究中感悟生物、感悟生活"，培养其创新精神和实践能力。"走出课堂"并不是单纯地离开课堂，而是延长授课和补充课程。"走出课堂"的"走出"指的是在课堂所学知识的基础上，所开展的一系列课外探究活动。一般具有探究性、合作性和基础性。

道德与法治学科的目的是塑造和教育学生形成健全的思想观念和良好的道德素质，形成理想、道德和道德规范，做一个有文化有纪律的社会合格公民。公共道德和生活训练计划创造了良好的道德特征和行为习惯，因为需要适应学校生活。他们充满了生命，他们被创造成人类，也正是为了更和谐的社会做出属于自己的一份努力。

历史学科围绕学科的"思想性、基础性、人文性、综合性"等历史课程的性质，我们以国家课程为基础，以唯物史观、时空观念、史料实证、历史解释、国家感情五个核心素质构建课程，形成历史学科"探访身边历史"的课程群。将课程内化（走访研究对象带进课堂）、教学化（教师指导方法）、系列化（走访地点安排）、活动化（开展走访、研究）、评价化（鼓励策略），走访历史遗迹遗址、撰写历史游记、编写课本剧。

地理学科课程规划为基础性课程、研究性课程、拓展性课程三类，以适应学生不同层次的发展需求。构建开放式课堂教学，推行研究性学习，借助课题研究、小论文撰写、科技活动、研学旅行、综合实践活动、相关时事热点等，结合教材内容给学生提供研究、创作、自由作答、放飞思维的空间，把课堂向课下延伸。对于学习和社会生活中的一些问题，运用所学知识，自我探究，获得新知识，提高见闻，提高能力。

音乐和美术学科的主题是一个彩色教室。在彩色教室中，要加强学习活动的趣味性和多样性，让音乐美术的艺术引领作用充分发挥，通过积极的体验，促进学生的想象力和创造力，在情感感受中提高审美意识和审美能力，发展一个更好的生活。

体育学科希望孩子们在阳光下走起来跳起来跑起来。"绳彩飞扬"分为"单摇""双摇""穿龙""花样"四大类别，加强练习，满足体育课程需要的同时，锻炼身体。

信息技术学科建设主题是"畅游IT时代"，信息技术紧紧抓住"畅游"与"IT"两个词。"IT"即信息技术，信息时代的新技术应用，在应用中不断积累，学会表达、学会创新。"畅游"即乐趣，沉浸在信息时代的世界，感受信息给我们生活带来的便捷和快乐，寻找信息时代的乐趣，从而体会现代生活的快乐，适应并更好地驾驭现代生活。

（二）"love"学科的评价要求

表4-5　合肥市五十中学天鹅湖教育集团"love"特色学科评价表

指标序号	评价要素	评 价 标 准	评 价 效 果		
			A 优秀	B 良好	C 待改进
一	课程目标和方案的设置	a. 课程内容新颖、有操作性，丰富学生的经验。			
		b. 关注学生的需求，促进学生个性和特长的发展。			
		c. 体现学校特色和课任教师的特长，具有延续性。			
二	项目组织	a. 形式多样，学校和社区相结合。			
		b. 体现学生的探究性和主体性。			
		c. 方式得当，树立组织者、指导者和服务者意识。			
三	项目实施	a. 学生在课堂活动中能够亲自实践、积极活跃。			
		b. 课程活动过程完整、清晰、有序。			

指标序号	评价要素	评价标准	评价效果		
			A 优秀	B 良好	C 待改进
四	活动效果	a. 学生在学习后能够陶冶情操、愉悦身心。			
		b. 促进了学生的发展，学生有学习的收获和创新的结果。			
		c. 学生的知识面拓宽，主动活动，方法多样，能体现学会学习。			
总评					

三、推进"love"社团建设，延展课程多彩评价

学校生活的丰富多彩主要是依靠学校的社团生活，使学生在学习之余可以根据自己的兴趣爱好选择相应的社团，并由此得到身心的双重发展。学校利用几十个丰富多彩的社团活动为载体为学生的活动搭建平台，让学生有更好的发展空间。国学社、缤纷棋社、心湖书画社、合唱社、英语社、模联社、科幻社、足球社、篮球社、排球社、爱尚网球社、舞蹈社、真爱志愿服务社、博雅社、心语社、小法官社、溢彩摄影社、山风湖韵文学社、朗诵社、惠艺社、戏曲社、悦动田径社、羽过天晴社。推进社团建设，使"love"课程的评价多元化，将"L-O-V-E"理解为评价体系中的Lively有生命活力的，Open开放的，Various多样的，Effective有效的。这也需要教师在教育中尊重学生，给予学生关怀的目光，创设一个民主和谐的氛围，给学生以自由健康快乐的体验。

1. 舞蹈社

教学目标：为了丰富学生课余生活，让学生通过社会活动，学习中国民族民间舞蹈的特色，培养对舞蹈的兴趣，同时也初步了解舞蹈表演所需的软件、开放度和训练方法，能够为代表学校进行表演时做好充分的准备，进一步推进校园文化建设，促进学生身心的共同发展。

课程内容：① 把握正确的舞蹈姿势，规范、整齐且具有美感地完成相应

的舞蹈动作。② 学习成套的中国民族民间舞蹈基本动作，培养学生对中国文化艺术的热爱。③ 国家级非物质文化遗产——安徽花鼓灯乐舞的传习。

2. 溢彩摄影社

课程目标：随着时代的进步与发展，照片在人们生活的各个方面中发挥着越来越积极的作用，照片不仅可以记录一段旅程，珍藏一段回忆，也可以提升人们对美的追求。因此，学生在课余时间学习并掌握拍照也增加了生活的一项技能。从学习中要体会到的不仅仅是摄影的技术和知识，更多的是如何用镜头去体验社会、人生，去发掘自己和他人的内心世界。

课程内容：了解摄影的基本概念、发展概况和照相机品牌等知识。了解学习摄影的目的。掌握摄影所用的照相机使用及维护常识等内容及其拍摄的技术细节。了解镜头的种类及特性，镜头的使用、维护等常识。掌握常用的曝光技术等内容，掌握数码相机的基本使用知识和必备的软件学习能力。

3. 篮球社

课程目标：① 激发学生对篮球运动的兴趣，了解其价值。② 学生可以通过篮球游戏教育活动，掌握基础所需的篮球运动技巧和在比赛中具备的能力。③ 学生在初中阶段可以养成的体育锻炼习惯与反应速度和力量感的体育锻炼方向。④ 篮球是一项集体运动，强调的是队友间的默契与配合，学生在进行篮球活动中，可以增强团队意识。

课程内容：① 篮球的基础知识、篮球裁判知识。② 篮球的基本技术：篮球球性练习、双手胸前传接球、体前变向换手运球、原位置或行进中的单手肩投篮、行进中的低手投篮、与接力合作、当场跳跃投篮到一只手的肩膀上、二次攻击和一局、半场防守。③ 篮球活动和比赛（见表4-6）。

表4-6　合肥市五十中学天鹅湖教育集团"love"社团课程评价表

要素	指标	评 价 标 准	分值	评分
学生参与指数	Lively 有生命活力的	兴趣浓厚，热情高涨，参与度高，身心愉悦。	5	
		关注学生主动与他人交流、倾听、合作的能力培养。	5	

要素	指标	评 价 标 准	分值	评分
学生参与指数	Lively有生命活力的	关注个性差异、需求和生命状态，设法让学生动手、实践。	5	
		课题引入新颖、有效，教学活动灵活、多变。	5	
		有效提问，培养学生主动思考、探索的思维品质。	5	
流程落实指数	Open开放的	课堂民主、和谐，学生乐于参与教学过程且教学目标达成度高。	5	
		以信息技术与学科内容整合的方式设计课程，学生可根据需求选择。	5	
		形式多样，如小组合作、个体探究、体验性学习，保证学生有足够的参与活动、自主学习的时间与空间。	5	
		方式灵活，内容有拓展，整合学科之间的知识。体现以学生为主体，采用引导、启发和互动式教学。	5	
		创新处理教学内容，师生平等对话，学生敢问、善问。	5	
动态生成指数	Various多样的	以学生为主体，互动性大大加强。	5	
		多种形式的辅助教育，如多媒体、微教、视频等。	5	
		评价形式多种多样，例如教师评论、学生评论、教师和学生的相互评价、学生的相互评价等。	5	
		课堂练习及时、有效，而且方式多样，如口头、游戏、自主、合作、探究等。	5	
		充分体现"自主程度、合作效度、探究深度"。	5	
目标达成指数	Effective有效的	依据学科特点和学生认知水平，精选课程内容，抓重点破难点。	5	
		教学投入与教学产出成正比关系。	5	
		情感目标在掌握知识、培养能力过程中潜移默化自然达成。	5	
		能够进行有效地课堂预设，但不拘泥于此，又在课堂中有创新的生成。	5	
		注重课堂与生活与时代的联系，培养学生的情感态度。	5	
总体评价			总分	

四、开展"love"节日活动，促进校园文化建设

（一）"love"节日的设置

（1）校园文化艺术节课程目标：弘扬中华民族传统文化精髓，为了学生一生的发展，积累厚重的文化传统，积极提高，过着清新、高雅的生活。健康文明的校园文化氛围，让我们看到了本校学生生机勃勃的身姿和乐观的信心。培养学生的健康审美情趣和良好的艺术修养，从而推动校园精神文明建设。内容体现了提高健康、时代特征、校园特色、学生特点、思想性和艺术性的统一，努力展示新学校的师生活力精神风貌，展示学校的艺术教育成果，提倡出演原创节目。以艺术展示为主，包括舞蹈、小品等多种艺术形式，异彩纷呈。

（2）清明节"网上祭烈"课程目标：为加强中华民族优秀文化传统和中国革命传统教育，丰富"做一个有道德的人"主题活动内容，响应中央文明办清明节"网上祭英烈"活动号召，倡议全校学生网上祭英烈，献花留言。通过这次活动，指导我们学校的学生用实际行动来表达对革命烈士的敬仰和回忆。每年度清明节前夕，以班级为单位，利用信息技术课，在信息技术教师的指导下，登陆中国文明网，通过链接"网上祭英烈"进入专题网页，组织全体同学进行网上祭拜，献花留言，撰写感言体会。

（3）植树节"植树我先行"课程目标：为了保护我国的林业资源，美化环境，保持生态平衡，进一步增强大家义务植树的意识，增强大家爱护环境、珍惜绿色的责任心，新校开展了形式多样的护绿行动和植树实践体验活动，让学生体验参与其中的喜悦，增加对植物成长的理解。加强环境意识，提高生态意识，为校增添一份绿意。每年度植树节前夕，由校方找寻义务植树场地，联系工作人员，购买树苗，组织各班级学生积极参与体验义务植树的快乐，在实践活动中不断培养自身良好的环境保护意识。

（4）纪念"九一八"事变防空演习课程目标：为增强中学生防空意识和国防观念，进一步加强教师和学生的安全教育，提高教师和学生应对突发事件的能力，保障战时人民防空和平时应急救灾的组织指挥能力，避免在空袭或火灾、地震等突发事件来临时学生惊慌失措、盲目逃生，由市人防办统一部署，结合9月18日防空警报试鸣，组织新校师生应急疏散演练。

（二）"love"节日的评价

表4-7　合肥市五十中学天鹅湖教育集团"love"节日评价表

要素	评价标准	分值	评分
学生参与	兴趣浓厚，参与度高，身心愉悦。	5	
	关注学生主动与他人交流、倾听、合作的能力培养。	5	
	关注个性差异、需求和生命状态，设法让学生动手、实践。	5	
	课题引入新颖、有效，教学活动灵活、多变。	5	
	有效提问，培养学生主动思考、探索的思维品质。	5	
教学过程	民主、和谐，学生喜欢参加教学过程，且教学目标达成度高。	5	
	以信息技术与学科内容整合的方式设计课程，学生可根据需求选择。	5	
	形式多样，如小组合作、个体探究、体验性学习，保证学生有足够的参与活动、自主学习的时间与空间。	5	
	方式灵活，内容有拓展。	5	
课堂效果	以学生为主体，互动性大大加强。	5	
	多种形式的辅助教育，如多媒体、微教等。	5	
	评价形式多种多样，例如教师评论、学生评论、学生之间的评价等。	5	
	将学生作为课堂主体，采用引导、互动、启发教育。	5	
	练习及时有效，方式多样。	5	
	充分体现"自主程度、合作效度、探究深度"。	5	
目标达度	依据学科特点和学生认知水平，精选课程内容，抓重点破难点。	5	
	教学投入与教学产出成正比关系。	5	
	情感目标在掌握知识、培养能力过程中潜移默化自然达成。	5	
	生成和预设和谐统一。	5	
	注重拓展创新，沟通课内知识与生活、社会、时代的联系。	5	

　　总之，学校一直弘扬爱的教育理念，贯彻积极的课程自为，教师深爱学生，为学生的发展无私奉献；教师也深爱着教育事业，为教育的发展贡献心血和智慧。以"大爱于心"为学校文化建设的核心理念，一方面要继承优良的传统，另一方面要把"爱的教育"发扬光大。教师对学生的爱就像阳光一样宽广，像阳光一样公平公正，应该普照每一个学生。教育之爱应是大爱、博爱，更是真爱，不仅存在于师生之间，还广泛存在于教师之间、同学之间；教育之爱还包括对自我生命和精神的关爱，为每位师生的身心健康成长创造良好的条件；教育之爱还有师生对社会的大爱，我们关心社会公共事务、承担社会责任；教育之爱还有师生对自然的大爱，我们关心生态，为了世界的可持续发展做出努力。

（撰稿者：江涛　张依琳　张妮　张科　张许瑶）

第五章

课程自励是一种主动的进取、坚强的意志，具备此种精神，课程才会不断发展、提升，以自励为信念，才会以坚强的意志探索不息，奋斗不止，进取不辍，让课程在改革中绽放光彩。这种自励，属于校长、属于教师、属于学生，属于课程中的每一个参与主体。

适时的课程自励

自励，就是一种自我激励的精神。拥有自励之精神，方能做到身处逆境不消沉，遭遇挫折不倾颓，实现自我发展。

于教育、课程而言，同样需要自励，课程自励是一种主动的进取、坚强的意志，具备此种精神，课程才会不断发展、提升，以自励为信念，才会以坚强的意志探索不息、进取不辍，让课程在改革中绽放光彩。这种自励，属于校长、属于教师、属于学生，属于课程中的每一个参与主体。

教育工作者如何做到自励呢？首先应该树立坚定的信念，以科学的哲学理念为信仰，以对教育的热爱为动力，其次要有探索精神、坚韧意志。这种人才会勇于追求，才能认识、完善、超越自我，从而实现自己的教育理想。总而言之，既是价值观、世界观树立的过程，更是自己的工作认识不断提升的过程，这个过程中终身学习起着很重要的作用。有了这个认识，才会不断地学习，才能够认识到课程应该与合作创新、勇于探究、热情希望、生命未来这些激励人心的词语紧紧联系在一起，为课程品质的提升努力着。

其次是学生的自励，教育家叶圣陶先生提出"教育的最终目的在于使学生能够自学自励"，"教是为了达到不需要教"等①，即使是在教学改革风起云涌的今天依然具有重要的价值，完全契合我们所提倡的课程自励。在学校教育中，我们应努力通过各类途径和方法，让学生真正做到自学自励。

如合肥市蜀山区华府骏苑小学在梳理提炼学校的办学理念和育人目标时，便非常重视教师们的认同过程，鼓励教师之间形成默契，开发一些具体校本课程实践对课程理念的印证，关注教师的兴趣和探索精神，这正是关注到了教育工作者自励之精神。

同时，为促进每一位学生得到发展，华小格外关注学生自学自励，如学校在2013年4月正式开办的学校少年宫，便有效整合了教育资源，从学生需求出发，按照学生的兴趣爱好来设置社团活动项目，以此来提升学生的学习动力，培养学生良好的学习习惯。

（撰稿者：甘香瑞）

---

① 叶圣陶.叶圣陶集（第十一卷）[M].南京：江苏教育出版社，1991：238-294.

合肥市华府骏苑小学隶属于合肥市蜀山区教育体育局，创办于1952年。学校现有43个班级，1897名学生，专任教师104人，校园布局合理，环境幽雅，文化氛围浓厚，省级一类办学标准，办学品质一流。在全体师生共同努力下，学校先后获得全国消防安全教育示范校、全国科创联盟成员单位、安徽省未成年人思想道德建设示范校、安徽省语言文字示范校、合肥市素质教育示范校、合肥市特色小学等诸多荣誉。

第一节

坚定课程发展理念

适时的课程自励首先要树立坚定的课程理念，这就要以正确的哲学理念为指引。依据多年的办学经验及未来发展方向，基于对学校教育价值取向的独特理解，学校首先要做的是厘定教育哲学，清晰办学理念，形成学校课程理念，赋予个性化的教育，以坚定信念为自励之源，促进学校品质发展。

一、学校教育哲学

多彩的概念应该如何界定？"多"，有多样、多元之意；"彩"，则蕴含着精彩、多姿多彩。"多彩"的丰富内涵有绚丽多彩、博大精彩、博采众长。毛泽东《菩萨蛮·大柏地》词云："赤橙黄绿青蓝紫，谁持彩练当空舞？"[①]不同的孩子都有自己的独特之处，也都有自身擅长或者不擅长的方向，所以我们的教育工作者，要善于找到学生的闪光点，发挥其优势，发展其潜能，真正意义上地将他们的优势之处完整地发挥出来，成为最美的那一道光。

基于此，我校确立了"多彩教育"的教育哲学。所谓"多彩教育"，就是学校通过优质、特色办学，以内因为动力，使教育的最优功能得以发挥，通过针对性的优化和改进，联系实际，因材施教，为学生打造个性化更为突出的教育模式。让所有孩子都能够找到自身的优势，明确自身的闪光点，始终是多彩教育的精髓所在。以和而不同、多元同存的思想指导教育教学实践活

---

① 蒙雨璐.赤橙黄绿青蓝紫，手持彩练当空舞——"悟学式教学"理念指导下的初中语文高效课堂教学初探［J］.考试与评价，2013（11）：41.

动，从而丰富实际教学内容。下面具体阐述"多彩教育"其特征体现。

"多彩教育"是多元教育。"多彩教育"要以"儿童为中心"，树立大课程观，以课程建设为抓手，从孩子们的实际需求角度出发，从课程内容、体系和实施等方面进行全新探索，构建"多彩课堂"、"多彩活动"的课程体系，满足学生的学习需求。这与多元智能理论是切合的，也体现出新课程注重个人发展、注重综合素质培养的理念。

"多彩教育"是协同教育。"多彩教育"重视协同教育的发挥，在"多彩教育"的指导下，多种课程紧密结合、高度依存、包容开阔；各种智能教育和谐共长、具有依存性；学生和学校教学相长，协同前进；通过各种教育资源的共享与一系列裂变、聚变，实现教育资源的提升、扩张。

"多彩教育"是优质教育。教育事业的发展不在于硬件上的成绩，更要强调内在的成长，具有高效率、高效益，是对所有学生深度关注，不抛弃、不放弃的教育；是塑造学生良好行为习惯，提升学生的品质素养，充满力量的教育。从其教育过程的品质来说，是一种典型的具有人文关怀温度的教育模式。从其效果来看，是一种可以为学生的终生发展提供全面的支持，贯穿整个学习生涯的可持续教育。

"多彩教育"是特色教育。任何生命都有自身的独特色彩和魅力，故以生为本，对每位学生的个体差异给予绝对的尊重，从学生的实际需求这一角度作为切入点，尽可能展现出学生的优势一面，创造性地为学生个性化定制具有生命力和特色的发展方案，不仅是教育规律的客观体现，也更加契合我校的教育起点与归宿。为了进一步培育华小特殊的办学风格，开展特色课程体系，应以多彩教育思想为指导，师生携手共进，不断创造，吸收融合，并最终体现共有品味。

"多彩教育"是开放教育。"多彩教育"具有开放性，是充满丰富生命力的、开放包容的教育。以"多彩教育"思想为导向，学校应该立足于丰富的区域和地方文化，引导教师树立宏观的教育观、课堂观。通过各种途径吸收丰富的教育、课程资源，积极主动地对外吸收各种优质文化资源，使它们融汇贯通，相互渗透，相互融合，取其精华。使教育不再局限于校内，突破空间上的限制，不再于局限于课堂40分钟，突破时间上的限制，成为一种具有生命力的、不断生长的先进课程文化系统，使课程发挥它最大的效率功能与优势魅力。进而尽可能地确保学校课堂文化更为丰富，更充满内涵，充分让学生唱主角，保证所有学生都能够接受到符合自身需求的教育服务，也让所有的教师都能够发挥出自己的优势。

在此基础上，学校提出"个个多彩，人人出彩"的办学理念，同时提出"让每一个孩子发光，让每一位教师出彩"的办学愿景。明确素质教育的内涵，使其更加丰富多彩，提升教育质量，各位教师均可以在教学过程中，不断提升自身专业水平，让每个教师在教育中感受到传道授业的成功与精彩。我们坚信，只有进行了合适的教育，才能够让适合孩子的发展路径为我们所寻得，也只有接受了合适的教育，方可使每位学生打造出属于自己的人生精彩之路。

二、学校课程理念

从我校的课程哲学引发，提出"让孩子们过多彩的学习生活"课程理念。让多彩教育这一理念的光芒始终撒在孩子们的身上，从孩子所处年龄段的生理、心理特征出发，符合儿童的个性、兴趣和天赋。提供多元的儿童学习生活课程资源，让学生成为学习的主人，在学习过程中丰满生长，体验和丰富情感的人生历程。因此，我们的课程特征如下：创造性地将课程和孩子们的学习生活、孩子们的成长、孩子们的情绪体验、孩子们的多元发展结合起来。

——课程即学习生活。生活是学生的生活，因此生活的好坏，不仅关乎学生当下的感受，还关乎他将来人生发展的结果。如果在新课程中缺少了"生活"相关的内容，则可谓是鱼离开了水，树叶离开了树枝，教育将变得毫无意义。对于孩子们来说，现实世界就是最佳的课堂，无论是缤纷的生活，还是千姿百态的自然环境，都是我们所不能忽视的重要课堂教育资源，因此，课程的开展务必要从学生的生活实际作为切入点，从个体成长出发，立足于学生的个体特点、个性特征，为给学生提供美好的教育成长环境和多彩的学习生活而努力，让学生在生活和教育活动实践中有所斩获，有所进益，获得经验，得到锻炼和成长，在体验中享受生活的快乐、自由。陶行知强调的"行知"理念正是一种以生活实践为基础的教育，因此学校教育也同样要从孩子们日常的生活角度出发，为儿童个体成长需求的满足提供积极的支持。

——课程即正向生长。"教育即生长"[1]也同样是教育的重要内涵。学校课

---

[1] 佟茂峰. "教育即生长"的思考 [J]. 课程教育研究，2020（10）：187.

程是具有发展性的，动态可变的生动"系统"。学校课程的发展过程即课程的生长过程。学生如同幼苗，当下，我们的课程要充分考虑每一棵小树苗的生命力和差异性，贴近每一棵小树苗的实际需要，为其提供恰当的水分、土壤和阳光，最终开花结果，各有缤纷。我们认为，当下所开展的教育过程即是对学生生长的关注，是焕发生命活力，让学生生动、快乐的成长过程，更需突出其自由的生长性。

——课程即情绪体验。作为一个完整的人，小学生在其成长过程中，解读世界主要遵循的是情感、同情的体认方式。儿童在不断的"实地行走"旅行中形成自我。因此，我们的课程作为外部世界与他经验之间的媒介物，我们的教育通过课程过程成为学生生成体验和丰富情感的历程，让他们在课程的学习中兴趣盎然，自在体验实践，不拘一格；能够自由自在地表达自己的个性、想法、情感而不受限制，从而获得快乐和成功的心理体验；使所有孩子都尽可能养成以自信、积极、乐观为基础的心理品质；使得他们各种各样的天才个性得到滋润，受到呵护，得以发展。

——课程即多元发展。课程是一种能激发人类潜能的资源，优秀的课程能充分开发儿童的天赋和潜力，彰显儿童的个性发展。遵循生命的差异性和整体性，关注儿童完人发展和个性化发展，这正是我校课程理念的主张。这需要我们创建新型的与时俱进的课程观和学生观。创设能够为学生所真正需求的，满足学生拓展不同天赋潜能需要的多元化课程体系，尤其是个性发展课程的多样化，让学生学有所乐、学有所成，乘上一艘适合自身发展方向的理想之船，打开一扇适合自己成长的美丽之窗，得到适合自身素质特点的最佳发展。

我校"多彩教育"立足儿童的成长，给予儿童的个性化需求以更多的重视，尊重生命的差异性和整体性，力求个性化发展和全面发展的共存和谐。因此，在全新的课程理念下，按照多元智能来看，构建自然、音乐、社交、语言等多方面的丰富课程体系，这些课程犹如七彩霓虹，在希望的田野上升起来，如同一座理想的教育之桥，为儿童成长过程中个性化需求的满足提供足够的支持，让每位孩子均可以发现自身闪光点，在社会中、在学校中、在家庭中散发出自己独特的色彩。因而，我校整个课程体系称为"七彩虹课程"。

第二节

探索课程育人目标

秉承学校"个个多彩，人人出彩"的办学理念，我们积极践行"多彩教育"哲学，探索课程育人目标，以多元的育人目标为课程自励之引导。

一、学校育人目标

课程理念落实，要在课程教育的培养目标上体现，因此，在"多彩教育"引领下，我们努力把学生培养成"会学习、明事理，会审美、雅气质，会探究、能创造，会沟通、善合作，会锻炼、强体魄"的"多彩少年"。

——会学习、明事理。学习注重方法与能力、兴趣与习惯、策略与思维、体验与实践；养成感恩心、责任心、包容心和纳新心。

——会审美、雅气质。对自然、社会、生活和艺术的美的感受和欣赏能力；强烈的社会义务感，优良的身体和生理本质，充满爱心，气质文雅。

——会探究、能创造。掌握科学的学习方法和思维，有强烈的求知欲望，多疑好问，有想象力，有发现、探索、掌握新事物的能力。

——会沟通、善合作。会"表达"、会"交流"、会"倾听"；会欣赏和悦纳别人，会理解他人和他人沟通，会与他人分享。

——会锻炼、强体魄。形成体育爱好和锻炼习惯，掌握一定的体育技能，有良好的身体素质和心理素质。

二、学校课程目标

为了实现育人目标，我们把"会学习、明事理，会审美、雅气质，会探究、能创造，会沟通、善合作，会锻炼、强体魄"培养目标进行细化，形成低、中、高的课程目标。具体如下（见表5-1）。

表5-1 合肥市华府骏苑小学"七彩虹课程"目标表

维度 目标	低 年 级	中 年 级	高 年 级
会学习 明事理	热爱学习，掌握低年段文化课程标准规定的要求，基本养成听说读写的良好习惯。学会观察周围环境，寻求自己喜爱的事物，培养一定的兴趣爱好。	热爱学习，逐渐形成浓厚的学习兴趣，掌握中年级文化课程标准规定的要求，进一步养成听说读写的良好习惯，能注重联系实际，初步会将所学习的知识与技能运用于生活，学会思考。	热爱学习，保持浓厚的学习兴趣。掌握高年级文化课程标准规定的要求，达到课程标准规定的学业水平。养成较好的听说读写的良好习惯，能熟练地将所学运用于实践，掌握科学的学习方法，有探究精神。
会审美 雅气质	知道生活基本常识，识记良好习惯要求，并在学习生活中逐步形成。关心自己生活环境，初步会爱护环境，不乱扔垃圾。形成对学习、对生活的自信与活力。形成爱班级、爱学校、爱父母、爱老师的真实情感。	懂得基本的做人道理，必要的处事能力。形成基本的行为习惯。关心社会环境，能处理好个人与环境的关系，保护自然。养成对自己、对班级的责任感。树立较强的自信，形成爱学校、爱社区的情感。	懂得基本的为人处事的基本准则，树立正确的人生观，具有积极向上的人生态度和高昂的生命意识，明确人生的价值、意义，处理好个人与集体、社会的关系，爱护自然，具有基础的环保意识，认识人类与自然的相互依存关系。拥有强烈的社会责任感，具有诚实、守信的品格，培养言行一致的风格，养成良好的行为习惯。形成较强的自信心，充满活力，充满智慧，充满创造力。具有爱家乡、爱社会、爱国家的情感。
会探究 能创造	热爱生活，能对日常常见问题提出"为什么"，并能尝试去探究问题的答案。学习积极主动，能独立思考，对问题有自己独特的看法与见解。	热爱生活，能对自然界现象提出"为什么"，并能尝试独立去探究问题的答案。学习积极主动，对自己有自信，能独立思考，能表达自己的感受，表达有力的观点，有与他人不一样的解决问题的方法与策略。	热爱生活，能对人生问题提出"为什么"，并能独立探究问题的答案。学习积极主动，对自己有自信，能独立思考，能表达自己的感受，表达有力的观点，有独特、个性的解决问题的方法与策略。有主见，养成思考问题正确的思路，能够形成自我判断能力，并能积极发表自己的观点和看法，有科学求证的精神。

（续表）

维度＼目标	低　年　级	中　年　级	高　年　级
会沟通善合作	感受与他人合作交流解决问题的过程。与别人交谈，态度自然大方，有礼貌。能认真听别人讲话，努力了解主要内容，有表达的自信心，积极参加讨论，敢于发表自己的意见，有合作意识。	经历与他人合作解决问题的过程。学会认真倾听，听人说话能把握主要内容，就不理解的地方向人请教，就不同的意见与人商讨，能够清楚地表达自己的感受和见解，加强合作精神。	善于倾听不同的意见，能在合作交流中有效沟通，与人交流能尊重和理解对方，听人说话认真耐心，能抓住要点，并能简要转述。乐于参与分工合作，能主动与他人交换意见。学习民主地参与集体生活。
会锻炼强体魄	积极参与体育活动；初步掌握简单的技术动作；通过广播操、舞蹈等多种身体练习，形成学生正确的身体姿势；感受到体育活动给自己的生活带来的乐趣。会玩1～2项体育类游戏活动。	形成参与运动的兴趣和爱好，形成坚持锻炼的习惯，形成健康的生活方式，发扬体育精神，形成积极进取、乐观开朗的生活态度。基本掌握1～2项运动技能。	能积极参加体育活动，保持愉快的心情，使性格变得开朗大方，动作更协调；形成灵敏、力量、耐力、协调等身体素质，通过国家体质健康测试，掌握2～3项体育运动技能，并成为特长项目。

第三节

建设课程结构体系

　　学校基于"多彩教育"哲学和"个个多彩,人人出彩"的办学理念,致力于实现我校学生的培养目标,学校整体建构了"七彩虹课程"体系,以多彩主题作为课程之基石。

一、学校课程逻辑

　　学校课程逻辑是学校课程体系的关键局部,是课程结构的逻辑基础。学校结合国家课程与"多彩教育"哲学,通过整合构成语言发展课程(红课程)、社会交往课程(橙课程)、数理逻辑课程(黄课程)、自然探究课程(绿课程)、空间艺术课程(青课程)、运动健康课程(蓝课程)、音乐旋律课程(紫课程)七大范畴课程体系的"七彩虹课程"。语言发展课程包含语文、英语课程和学科拓展课程;数理逻辑课程包括数学、信息技术课程和学科拓展课程;自然探究课程包括科学、综合实践活动课程和学科拓展课程;音乐旋律课程包含音乐课程和学科拓展课程;空间艺术课程包括美术课程和学科拓展课程;运动健康课程包含体育和学科拓展课程;社会交往课程包括道德与法治课程和学科拓展课程。同时按学科间统整思路,将学科之间相互关联、统筹协调,构成了"美丽匡河""海卉花市"和"主题阅读"三个课程群;进行跨学科整合,创造了"生存体验"课程群。"七彩虹课程"逻辑示意图如下(见图5-1)。

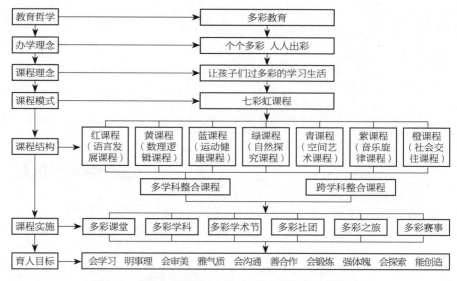

图5-1 合肥市华府骏苑小学"七彩虹课程"逻辑示意图

二、学校课程结构

多元智能"光谱"给了"七彩虹课程"以启示，使"一心七环"的课程结构得以建立。圆心是课程的主体——学生，"七环"由内至外分别是国家基础课程（内一环）、学科整合课程（内二环至内四环，包括单学科整合课程、多学科整合课程、跨学科整合课程）、学校（外三环）、家庭（外二环）、社区资源（外一环）。每一个课程体系均关注"每一个孩子"成长的方方面面，每一个孩子均要在智能的方方面面得以成长。学校课程结构如下（见图5-2）。

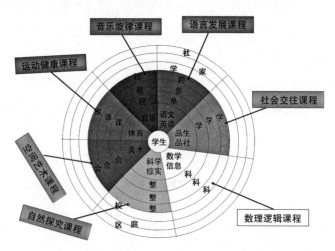

图5-2 合肥市华府骏苑小学"七彩虹课程"结构图

三、学校课程设置

以"七彩虹课程"逻辑结构为依据,以我校课程资源情况为基础,将"七彩虹课程"的内容进行有体系地建设。学校课程体系如下(见表5-2)。

表5-2　合肥市华府骏苑小学"七彩虹课程"体系表

七彩虹课程	基础课程	单学科整合课程	多学科整合课程	跨学科整合课程	课程目标
红课程(语言发展课程)	语文英语	语文节 英语节 英语绘本故事会 小主持人小记者 课本剧 快乐阅读国学 纯美识写 纯美阅读 纯美写作 纯美交际 纯美综合 童真英语 活力英语 快乐英语	"美丽匡河"课程群	生存体验课程群	伴随着语言的学习,审美情味、性格态度、协同能力,都日益正向增长,从而促进了人生态度和正确价值观的发展。通过学习方式的培养,在取得语言能力提高的同时,也增强了学生的自信,感受文学大师的语言魅力,能联系实际,学以致用。能够在自己的阅读过程中,掌握不同的阅读方式,在积累词语,培养语感的同时,理解作者所表达的思想感情。能够顺畅、礼貌地和别人交流。学会使用常用的语文工具书。
黄课程(数理逻辑课程)	数学信息技术	数学节 象棋 机器人 围棋 电脑制作 电脑绘画 趣味编程 思维训练 数学故事 灵机妙算 慧美图形 慧制统计 灵动实践			数学、信息技术的一般常识,对我们平时的生活十分重要,我们必须掌握其基本知识、基本技能、基本思想和基本经验。领会到知识、学科、生活之间的关系,通过学科学习,训练逻辑思维,加强实践能力。理解学习学科知识的意义,通过学科学习过程中的收获培养自信,使对待事物的看法更务实、更科学、更有新意。

提升学校课程品质

七彩虹课程	基础课程	单学科整合课程	多学科整合课程	跨学科整合课程	课程目标
绿课程（自然探究课程）	科学	科学节 信息学 科技动手做 STEAM 无人机 航模 3D打印小创客 科学DV 融慧阅读 融慧课堂 融慧探究 融慧智造 融慧创造	"海卉花市"课程群 主题阅读课程群		通过对基础科学知识的知晓，解决日常生活中的相关问题，使日常行为更规范、更理性；通过学习科学探索的进程与办法，使科学实践更具有科学性和规范性，看待问题更理性；我们要有根据地创造、想象，不能天马行空，欣赏、珍爱、维护，科学、家乡、祖国，对周遭怀着一份天真与好奇。和自然交朋友，同科技共进步。
紫课程（音乐旋律课程）	音乐	音乐节 二胡 管乐队 合唱队 庐剧戏曲声乐	小能人节 丰收节		能在千变万化的韵律中获得情感的共鸣。可以辨别基础的小型音乐体裁与形式，通过倾听，说出曲调名称。了解安徽地方民间音乐与戏剧，感受不同地域音乐风格，能体验地方音乐与戏剧的唱腔特点与特色。可以用自己朴素的嗓音、有韵律的节拍、恰当的形式演唱，并做出点评。
青课程（空间艺术课程）	美术	美术节 科幻画 儿童画 手工 剪纸 硬笔书法 软笔书法 陶艺 纸浆画 串珠 丝网花	艺术节		学生能以个体或团体协作的方式参加各种美术活动，学习各种工具、资料和制造的流程，习得如何感受美、评价美，使视觉、听觉、触觉的审美体验更加多彩，并从中获得快乐、取得兴味、品味出传统美术的韵味，掌握一种地方美术创作技能。使孩子通过学习美术，创造精神、美术的实践能力、美术的基本素养、美术的养审美情操，都得到长足的发展，从而塑造出更加健康的人格。

七彩虹课程	基础课程	单学科整合课程	多学科整合课程	跨学科整合课程	课程目标
蓝课程（运动健康课程）	体育	体育节 跆拳道 击剑 篮球 乒乓球 足球 轮滑 空竹 啦啦操 健美操 排球 羽毛球 武术			热爱体育运动，坚持参加体育锻炼活动。学习合理锻炼、养护身体的知识。养成自觉锻炼身体的习惯，掌握合理锻炼、养护身体的方法。养成良好的卫生习惯，具有良好的个人生活，饮食等卫生习惯，自觉保持环境卫生，注意用眼卫生。增强适应、抗病能力，健康的身体和初步的环境适应能力。具有健康身体和环境适应能力。学会自我保健，有一定抗病能力。掌握至少一项以上的体育技能。
橙课程（社会交往课程）	道德与法治	年文化节 美食汇 民族舞蹈 阳光心理 华小学子礼仪 雏鹰假日小队 多彩之旅			知道学会交往是传递信息的有效途径；感受语言、肢体相互影响的过程；通过对地方特色的民俗活动的调查，学习交往技能，融入社会，学会生活。加强个性修养，建立良好人际关系。在校内与同学间的交往融洽，快乐学习、快乐生活；能够和老师像朋友一样相处，自然地和老师交流。与父母之间的交往，能够平等对话，愿意向家长述说自己的想法。 有良好的自我意识，对本人的身心情况，和同伴、家人等的关系有清楚的认识。了解自己的体貌特征，正确看待自己的身体。逐步了解自己的内在素质，乐于展示自己。能够承受他人的评价，见贤思齐。认可自己，我爱我家。能在班级中找到自己的位置，悦纳自己。能有应对在特定状况下影响自身生命的突发事件或紧急事故的意识与能力。在实际生活中，强健体魄，提升自我保护能力，社会交往能力，坚强的适应能力。

根据上表，对整合课程按照年级、学期进行设置，构建了"七彩虹课程"具体框架表（见表5-3、5-4、5-5）。

表5-3　合肥市华府骏苑小学"七彩虹课程"单学科整合课程设置表

课程 年级/学期	红课程 （语言发展课程）	黄课程 （数理逻辑课程）	绿课程 （自然探究课程）	紫课程 （音乐旋律课程）	青课程 （空间艺术课程）	蓝课程 （运动健康课程）	橙课程 （社会交往课程）
一上	乐识拼音 吟诵童谣 标点家族 说好普通话 拼音节 纯美语文节 英语绘本 快乐阅读 故事会 国学	分与合 立体之美 收纳小达人 买年货 乐高机器人	走进科学 科学启迪 匡河风景 巧手巧做 乐高设计 融慧科学节 科技动手做	声乐 律动飞扬 唱培 乐器多彩秀	儿童画 手工 硬笔书法 彩线漫游 巧思巧画	啦啦操 击剑 足球（一） 跆拳道 乒乓球 轮滑 武术 体育节 绳之乐 快乐优戏	年文化节（年货） 美丽校园 雏鹰假日小队 自然之旅
一下	拼读闯关 乐背童谣 美词好句 善听他人言 绘本节 英语绘本 快乐阅读 故事会 国学	百数能手 平面之美 采购小能手 小小商店 灵慧数学节 乐高机器人	走近科学 科学启迪 匡河风景 巧手巧做 乐高设计 科技动手做	音乐节 声乐 唱游律动 听音模唱	美术节 儿童画 手工 硬笔书法 五彩梦想 动物乐园拼绘四季	啦啦操 击剑 足球（一） 跆拳道 乒乓球 轮滑 武术 剑之趣 快乐优戏	文明礼仪 雏鹰假日小队 爱国之旅

年级/学期	红课程 （语言发展课程）	黄课程 （数理逻辑课程）	绿课程 （自然探究课程）	紫课程 （音乐旋律课程）	青课程 （空间艺术课程）	蓝课程 （运动健康课程）	橙课程 （社会交往课程）
二上	韵味唐诗 画中有话 看图说故事 童话节 纯美语文节 英语绘本 古诗词赏析 国学	横式之谜 拍七令 快乐七巧板 超市管理员 身体尺 围棋 乐高机器人 思维训练	走入科学 启迪未来 走入匡河 巧手制作 乐高搭建 融慧科学节 科技动手做	二胡 舞蹈 乐器多彩秀 律动飞扬	儿童画 手工 硬笔书法 丝网花 缤纷世界立体剪 纸 我型我塑	击剑 足球（一） 跆拳道 乒乓球 轮滑 武术 健美操 体育节 绳之乐 快乐优戏	年文化节（年光） 雏鹰假日小队 自然之旅 爱国之旅
二下	追根求源 乐唱宋词 爱想会写 我爱讲故事 成语节 英语绘本 古诗词赏析 国学	竖式之谜 角的王国 了解你的好朋友 测定方向 灵慧数学节 围棋 乐高机器人 思维训练	走入科学 启迪未来 走入匡河 巧手制作 乐高搭建 科技动手做	音乐节 二胡 舞蹈 节奏创编	美术节 儿童画 手工 硬笔书法 丝网花 创意画盘 色彩拼图	击剑 足球（一） 跆拳道 乒乓球 轮滑 武术 健美操 绳之乐 快乐优戏	雏鹰假日小队 读书之旅 爱心之旅

课程 年级/学期	红课程 （语言发展课程）	黄课程 （数理逻辑课程）	绿课程 （自然探究课程）	紫课程 （音乐旋律课程）	青课程 （空间艺术课程）	蓝课程 （运动健康课程）	橙课程 （社会交往课程）
三上	初探结构 寓中有理 所见所闻 不耻下问 寓言节 游戏空间 表演时间 自然拼读 Enjoy英语节 纯美语文节 古诗词赏析 小主持人 国学	抢1游戏 清0游戏 巧剪窗花 小小裁判员 农场的周长 灵慧数学节 围棋 象棋 电脑制作 电脑绘画 思维训练 趣味编程	科学大观 百盛科学 探索匡河 STEAM（一） 小创客（一） 航模 科技动手做	二胡 管乐队 庐剧 舞蹈 律动飞扬 乐器多彩秀	儿童画 手工 陶艺 软笔书法 纸浆画 丝网花 串珠 魅力线条 我型我秀	击剑 足球（一） 跆拳道 乒乓球 轮滑 篮球 羽毛球 武术 健美操 体育节 绳之艺 创编游戏	年文化节（年俗） 雏鹰假日小队 自然之旅 读书之旅
三下	查字能手 寓言剧场 读给你听 有商有量 故事节 快乐闯关 字母超市 古诗词赏析 小主持人 国学	巧算24点 创意钟面 小小调查员 农场的面积 围棋 象棋 电脑制作 电脑绘画 思维训练 趣味编程	科学大观 百盛科学 探索匡河 STEAM（一） 小创客（一） 航模 融慧科学节 科技动手做	音乐节 二胡 管乐队 庐剧 舞蹈 模仿秀	美术节 手工 陶艺 软笔书法 纸浆画 丝网花 串珠 色彩缤纷	击剑 足球（一） 跆拳道 乒乓球 轮滑 篮球 空竹 羽毛球 排球 武术 健美操 绳之艺 创编游戏	雏鹰假日之旅 爱国之旅 爱心之旅

课程 年级/学期	红课程 （语言发展课程）	黄课程 （数理逻辑课程）	绿课程 （自然探究课程）	紫课程 （音乐旋律课程）	青课程 （空间艺术课程）	蓝课程 （运动健康课程）	橙课程 （社会交往课程）
四上	有趣部首 初读小古文 病句诊断 口口相传 书法节 能歌善舞 阅读俱乐部 Enjoy英语节 小主持人 阅读与训练 纯美语文节	巧算运算符号 完好如初 快乐出发 幸运大转盘 灵慧数学节 象棋 电脑制作 电脑绘画 思维训练	科学百科 科学观览 探索星河 STEAM（一） 小创客 航模 无人机 科技动手做	合唱队 管乐队 庐剧 舞蹈 律动飞扬 乐器多彩秀	科幻画 手工 陶艺 软笔书法 纸浆画 丝网花 串珠 奇思妙想 型色兼备	足球（二） 乒乓球 轮滑 篮球 空竹 体育节 羽毛球 排球 创意运动 球艺最炫	年文化节（年味） 寻根之旅 读书之旅
四下	巧识会辨 欣赏小古文 书信达情 能说会道 摄影节 英语之声 童声童唱 妙语连珠 小主持人 国学 阅读与训练	巧算专家 巧算内角和 美丽图案 人在囧途 我是大侦探 象棋 电脑制作 电脑绘画 思维训练	科学百科 科学观览 探索星河 STEAM（一） 小创客 航模 融慧科学节 无人机 科技动手做	音乐节 管乐队 合唱队 庐剧 舞蹈 你唱我和 我是歌手	美术节 科幻画 手工 陶艺 软笔书法 纸浆画 丝网花 串珠 玩美色彩 线随心动	足球（二） 乒乓球 轮滑 篮球 空竹 羽毛球 排球 创意运动 球艺最炫	艺术之旅 雏鹰假日小队 科技之旅 爱心之旅

（续表）

课程 年级/学期	红课程 （语言发展课程）	黄课程 （数理逻辑课程）	绿课程 （自然探究课程）	紫课程 （音乐旋律课程）	青课程 （空间艺术课程）	蓝课程 （运动健康课程）	橙课程 （社会交往课程）
五上	书艺能手 诵读诗歌 匡河历史 乐说敢言 诗歌节 故事时间 最佳拍档 趣味小屋 小记者 课本剧 阅读与训练 Enjoy英语节 纯美语文节	数独 一分为二 天气的变化 今日菜谱 灵慧数学节 象棋 电脑制作 电脑绘画 思维训练 信息学	小发明家 探究海卉 匡河攻略 STEAM（二） 小创客（二） 航模 无人机 3D打印	管乐队 合唱队 庐剧 律动飞扬 乐器多彩秀 节奏大师 最美声音	科幻画 手工 软笔书法 纸浆画 丝网花 串珠 手绘体验 多彩纹样	足球（二） 乒乓球 篮球 空竹 羽毛球 排球 体育节 活力世界 疾风少年	匡文化节（年拍） 阳光心理 雏鹰假日小队 寻根之旅 艺术之旅
五下	快打比拼 诗歌赛读 匡河四季 三言两语 作文节 争分夺秒 小记者 课本剧 阅读与训练 国学	寻找完美数 合二为一 嫩叶的生长 班级联欢会 象棋 电脑制作 电脑绘画 思维训练 信息学	小发明家 探究海卉 匡河攻略 STEAM（二） 小创客 航模 融慧科学节 无人机 3D打印	音乐节 管乐队 合唱队 庐剧 耳聪目明 歌声飞扬	美术节 科幻画 手工 软笔书法 纸浆画 丝网花 串珠 创意包	足球（二） 乒乓球 篮球 空竹 羽毛球 排球 活力世界 疾风少年	阳光心理 雏鹰假日小队 爱国之旅 爱心之旅

课程 年级学期	红课程（语言发展课程）	黄课程（数理逻辑课程）	绿课程（自然探究课程）	紫课程（音乐旋律课程）	青课程（空间艺术课程）	蓝课程（运动健康课程）	橙课程（社会交往课程）
六上	软硬兼修 名著名篇 我想我修 媒媒动听 辩论节 环球影城 脱口秀 头脑风暴 小记者 课本剧 Enjoy英语节 纯美语文节	输液中的比 图有其表 促销策略 魔方竞速 灵慧数学节 象棋 电脑编程 思维训练 信息学	小发明家 探究科学 海洋攻略 STEAM（二） 小创客 无人机 3D打印	合唱队 律动飞扬 乐器多彩秀 创意音乐 乐曲世界	科幻画 手工 软笔书法 丝网花 串珠 活学活用	足球（二） 乒乓球 篮球 空竹 羽毛球 排球 体育节 运动达人 齐心协力	年文化节（年话） 雏鹰假日小队 艺术之旅
六下	一展身手 好书推荐 小小作家 出口成章 课本剧节 原著欣赏 最强大脑 唤醒耳朵 小记者 课本剧	大树有多高 体积中学问 财源广进 绘制平面图 象棋 信息学 电脑编程 思维训练	小发明家 探究科学 海洋攻略 STEAM（二） 小创客 无人机 3D打印	音乐节 合唱队 乐由心生 心悦成符	美术节 科幻画 手工 软笔书法 丝网花 串珠 画说民俗	足球（二） 乒乓球 篮球 空竹 羽毛球 排球 运动达人 齐心协力	雏鹰假日小队 爱心之旅 爱国之旅
学术节活动（其他学术节对应在上面课程里）	小能人节 丰收节				艺术节		

表5-4　合肥市华府骏苑小学"七彩虹课程""多学科整合课程设置表

课程 年级/学期	红课程 (语言发展课程)	黄课程 (数理逻辑课程)	多学科整合课程群 "美丽匡河" "海井花市" "学科阅读"					
			绿课程 (自然探究课程)	紫课程 (音乐旋律课程)	青课程 (空间艺术课程)	蓝课程 (运动健康课程)	橙课程 (社会交往课程)
一上	童眼看匡河 学科阅读	认识匡河里的图形 学科阅读	匡河的植物 学科阅读	有趣的声音世界 学科阅读	匡河儿童画 学科阅读	学科阅读	匡河游玩须知晓 学科阅读
一下	走进海井花市 ——说 学科阅读	走进海井花市 ——认 学科阅读	走进海井花市 ——了解 学科阅读	学科阅读	走进海井花市 ——画 学科阅读	学科阅读	走进海井花市 ——交流 学科阅读
二上	我说匡河美 学科阅读	学科阅读	匡河的动物 学科阅读	学科阅读	学科阅读	学科阅读	匡河寻找自蒙情 学科阅读
二下	学科阅读	认识匡河的位置 与方向 学科阅读	徜徉海井花市 ——探究 学科阅读	健康歌 学科阅读	树叶贴画 学科阅读	学科阅读	学科阅读
三上	我游河所感 学科阅读	学科阅读	匡河的水质 学科阅读	学科阅读	徜徉海井花市 ——画 学科阅读	学科阅读	匡河寻找家乡情 学科阅读
三下	徜徉海井花市 ——写 学科阅读	匡河里的图形测 量与计算 学科阅读	学科阅读	绿色的梦 学科阅读	树种草籽贴画 学科阅读	学科阅读	海井花市介绍 学科阅读

（续表）

年级/学期 \ 课程	红课程（语言发展课程）	黄课程（数理逻辑课程）	多学科整合课程群 "美丽匡河" "海卉花市" "学科阅读" 绿课程（自然探究课程）	紫课程（音乐旋律课程）	青课程（空间艺术课程）	蓝课程（运动健康课程）	橙课程（社会交往课程）
四上	我爱匡河 学科阅读	徜徉海卉花市——说、买 学科阅读	匡河的土壤 学科阅读	学科阅读	学科阅读	学科阅读	我是小小安全宣传员 学科阅读
四下	学科阅读	发现匡河里的轴对称图形 学科阅读	学科阅读	故乡的桥 学科阅读	匡河昆虫世界 学科阅读	毅行赏景——抒情 学科阅读	学科阅读
五上	匡河的风俗文化 学科阅读	学科阅读	匡河的水系 学科阅读	学科阅读	学科阅读	学科阅读	我是环境守护者 学科阅读
五下	深入海卉花市——写 学科阅读	匡河的生活数学 学科阅读	深入海卉花市——探究 学科阅读	母亲河 学科阅读	匡河的桥 学科阅读	毅行赏景——抒情 学科阅读	深入海卉花市——沟通 学科阅读
六上	赞美匡河吧 学科阅读	深入海卉花市——思、算 学科阅读	匡河的桥梁 学科阅读	学科阅读	深入海卉花市——画 学科阅读	学科阅读	匡河半日游方案 学科阅读
六下	学科阅读	匡河占地面积的探究 学科阅读	学科阅读	我的祖国 学科阅读	学科阅读	毅行赏景 学科阅读	学科阅读

表5-5　合肥市华府骏苑小学"七彩虹课程"跨学科整合课程设置表

课程 \ 年级	跨学科整合课程群——生存体验						
	红课程（语言发展课程）	黄课程（数理逻辑课程）	绿课程（自然探究课程）	紫课程（音乐旋律课程）	青课程（空间艺术课程）	蓝课程（运动健康课程）	橙课程（社会交往课程）
一	仪式教育（入学、入队）；行规教育（日常行为规范和礼仪教育）；春秋游；假日小队活动；疏散演练；安全教育；德育主题教育活动；传统节日；现代节日；"每月一好习惯"						
二	仪式教育（文明礼仪、队列）；安全教育（防火、防电、防骗、防交通、防溺水、防毒等）；春秋游；假日小队活动；心理健康教育；疏散演练；三节三爱；传统节日；现代节日；德育主题教育活动；"每月一好习惯"；环保教育						
三	仪式教育（梦想）；环境教育（水资源、粮食等）；工业一日游；春秋游；德育主题教育活动；安全教育；传统节日；心理健康教育；现代节日；"每月一好习惯"；假日小队活动；疏散演练						
四	仪式教育（成人礼）；法治教育（模拟法庭、走进法院等）；疏散演练；春秋游；假日小队活动；德育主题教育活动；安全教育；传统节日；现代节日；"每月一好习惯"；心理健康教育						
五	仪式教育（感恩）；露营、逃生演练；德育主题教育活动；疏散演练；安全教育；传统节日；现代节日；心理健康教育；"每月一好习惯"；法治教育；劳动教育；假日小队活动						
六	仪式教育（毕业典礼）；研学游；德育主题教育活动；春秋游；安全教育；传统节日；疏散演练；现代节日；心理健康教育；"每月一好习惯"；法治教育；劳动教育；假日小队活动						

第四节

探究课程实施路径

课程实施既是践行课程理念的过程，也是办学理念彰显的过程。在"多彩教育"的引领下，学校从"多彩课堂""多彩学科""多彩学术节""多彩社团""多彩之旅"和"多彩赛事"六个方面实施"七彩虹课程"，实现"让每一个孩子发光，让每一位教师出彩"的愿景，探索课程实施路径，最终以扎实实践为自励之本，促进课程品质的提升。

一、构建"多彩课堂"，推进学校课程的有效实施

学校致力于构建"多彩课堂"，进而促进"多彩课堂"成为学生主动参与、教学资源丰富、创新价值、和谐多元、赏识激励的课堂。

（一）"多彩课堂"的内涵

"多彩课堂"的"多"指向教与学过程中的行为。教的行为过程中从教师丰厚专业素养、恰当的教学策略、丰富的教育资源精当选用、巧妙的教学设计、给予的赏识激励评价等方面体现，学的行为过程中从学生学习的主体尊重、互动相促、学习氛围的愉悦和谐、知识的创新共生等方面体现。"多彩课堂"的"彩"指向教与学的效能。教学效能与教学目标对接，体现在知识的传授与获得、过程的经历与呈现、方法的指导与练习方面，也体现在师生关系、情感体验、课堂价值取向等方面。

多彩课堂是学生主动参与的课堂。多彩课堂需要变化的是以前的被动接受的学习方式，学生是学习的主人，提倡自主、合作、探究的学习方式，促进学生获取知识，掌握方法，提升能力，培育情感。

多彩课堂是教学资源精当整合、丰富的课堂。在集约化原则之下，从学生的认知特点出发，对课程资源精心选择、整合，利用精当的资源，围绕课程主线，提供多层次的探究知识空间，让学生在简约、高效的学习环境中，迸发思维火花，获得思维体验，在理解和掌握知识的基础上提升能力。

多彩课堂是创新取向的课堂。多彩课堂立足创新取向，把课程的开放性、动态性、生成性作为知识元素纳入到学生自主学习的知识系统中，在课堂教学中作为教与学的评价要素之一，整个教学过程中教学的双主作用体现出师生对课程内容的双向建构的活动过程。

多彩课堂是和谐多元的课堂。"多元"是课堂教学内容、目标达成的体现，"和谐"是课堂教学氛围创设、师生关系的体现。他们都是通过教育情境来实现对人的滋养。因此，发展学生核心素养，塑造学生品格，让学生健康成长，这是多彩教育的课堂教学深度追求的一种方式。

多彩课堂是激励评价的课堂。激励的课堂评价是调动学生学习兴趣，激发学生学习动机和悟性的调控手段和措施。在学生学习过程中出现的闪光点，要善于捕捉，并能运用赏识激励评价来恰当合理给予学生评价，让学生持续不断地在激励下发挥学习的动力，开发出学习的潜能，主动完成学习任务。

（二）"多彩课堂"的实践操作

首先，研制七彩虹课程的校本实施纲要，形成七彩虹课程的教学标准。根据国家课程标准，按照七彩虹课程七大领域课程体系目标，编制校本化的七彩虹课程纲要，形成七彩虹课程的教学标准，推进七彩虹课程有效实施。

其次，聚焦课堂转型，实施"多彩"教学模式，打造快乐高效民主课堂。聚焦课堂转型，重点是落实课堂教学的改进，首先要提升教师的教育理念，重心是改进教学的模式和学习的方法策略，打造快乐高效民主课堂，构成"师生双主参与、自主合作探究、民主和谐多元"的课堂教学形态，形成"多彩"的教学模式。

其内涵要义为：关注发展的教学。学生的核心素养发展的好坏，决定学生未来的发展趋向，教师要富有新的教育理念和高超的教学技巧，在教学过程中应该围绕学生核心素养发展上下功夫，特别要关注对学生的学习能力、意志品质等方面的培养。关注个性化的教学。课堂教学要尊重学生的差异，反对拿一把尺子来衡量所有学生，要立足学生的不同潜质，因材施教，分层施教，给予学生个性化学习的时空，在教师的引导下，主动学习，探索知识，提升能力。主张活的教学。让师生在"教学相长"中相互促进、提升，在教与学过程中，教师要重视自身的教法，更要重视学法指导，让学生在掌握知识的同时，要注重在学习过程中的体验和实践，提升能力。关注"人文"的教学。课堂教学要注重对学生人格健全的培养，因此，教学要重视课程人文理念的渗透，培养学生的人性滋养和提升。同时课堂要注重和谐氛围呈现，注重启发、赏识的方法使用，激发学生学习积极性和灵性展现，就能彰显出学生的主体地位，课堂体现出真正的新型师生关系和"多彩课堂"教学模式。主张开放、激励评价的教学。教师树立宏观的教育观、课堂观，通过各种途径吸收丰富的教育、课程资源，以学定教，让学生都能够接受到符合自身需求的教育服务。同时倡导课堂教学是多元要素的评价标准，给学生的评价要多层次、多途径，呈现出多元化激励评价。

其实施策略为：学校从备课、上课、教研、科研、评价五个方面入手，聚焦课堂转型，构建"多彩课堂"的实施方略，打造快乐高效民主课堂。

以校本教研为突破口，努力提高"多彩课堂"质量。一是学校每周三举行备课组备课，以年级组为单位，研究课标，研究课程内容，全面把脉梳理生情，在此基础上集体进行教学设计，同时要求个人上课要进行教学个案调整和教学反思梳理。为进一步提升教师能力，还开展说课展示活动。二是每月开展教学展示活动，有"推门听课""教研月活动""青蓝工程师徒展示课""观摩模仿课""赛课"等，紧抓"多彩课堂"内涵的落实，做好磨课、观课、议课活动。三是每周一开展大教研活动，在"多彩讲堂"进行观摩学习汇报、课后反思汇报、学习沙龙等方式进行资源分享，同伴互助。教研活动开展，为"多彩课堂"质量提升打下扎实根基。

以教学科研为抓手，着力提升"多彩课堂"内涵。学校引领教师聚焦课堂转型，通过教学反思、课例研究、教育叙事等方面关注课堂真问题，生成小课题，引领学科组开展学科课程群建设，按"个人研修+小组合作+专家引领"的科研模式推进教科研的开展。通过学习理论专著、撰写教学日记、开展学习讨论和专题讲座等方式提升教师的科研能力，以研促教，推进教师专业成长，提升"多彩课堂"品质内涵。

以科学评价为支撑，切实保障课程实施。课程评价是支撑课程有效实施的"四梁八柱",学校引领教师进行科学有效的评价体系建设,评价围绕"学习为中心",注重评价内容的多层次,方法的多途径,促进学生的生长。

"多彩"课堂教学模式的实施需要我们以激情和睿智去激活课堂、感染学生,让学生快乐地学习,使学生的综合素养得到提升,使我们的课堂更加精彩。

(三)"多彩课堂"的评价标准

课堂评价重点不是人,而是教与学的行为。"多彩课堂"追求的是在教师的指导下,学生能够有所学,有所得。因此,围绕着学生的学习和发展状况的评价是"多彩课堂"教与学评价表的核心(见评价表5-6、5-7)。

表5-6 合肥市华府骏苑小学"七彩虹课程"课堂教学评价表

评价项目	评价要点	符合程度	
		基本符合	基本不符合
教学目标	*(1)符合课程标准和学生实际的程度		
	(2)可操作的程度		
学习条件的准备	(3)学习环境的创设		
	*(4)学习资源的准备		
	(5)学习活动的设计		
学习活动的指导与调控	*(6)学习指导的范围和有效程度		
	(7)教学过程调控的有效程度		
交流与反馈	(8)交流反馈的方式		
	*(9)交流反馈的效果		
学生活动	(10)学生参与活动的态度		
	*(11)学生参与活动的广度		
	(12)学生参与活动的深度		
课堂气氛	*(13)课堂气氛的宽松度		
	(14)课堂气氛的融洽度		
教学效果	*(15)问题解决的广度		
	(16)问题解决的灵活性和创造性		
	(17)教师、学生的情绪体验		
其他			
教学特色			
评课等级和评语			

表中总的评价分为A、B、C、D四个等级，被评为D级的，是在基本评价要点上有"基本不符合"的存在。

表5-7　合肥市华府骏苑小学"七彩虹课程"课堂学习评价表

序号	评 价 要 点	自评	组评	师评
1	明确学习目标与任务			
2	学会课前预习、提出思考点、梳理要点			
3	从语言学习的角度加深对课程知识和方法的理解			
4	掌握听、说、读、写等基本技能			
5	善于合作，有合作学习的愿望			
6	在合作学习中感觉愉快，在小组中起到骨干作用			
7	在小组中善于总结、归纳和反思			
8	能主动请教他人并帮助他人			
9	在小组学习中能提出不同见解并勇于修正自己的观点			
10	自觉复习，独立完成作业			
11	能运用学过的知识解决生活中的问题			
12	有质疑意识，独立思考、自主学习，主动发现问题，提出问题，寻求解决问题的方法			
13	勇于克服困难，有强烈的求知欲			

形成性评价：主要通过学生自评、小组互评，最终由指导教师根据学生自评与小组互评的结果作出客观、公正的评定。评价以激励评价为主。分为A、B、C、D四个等级。

二、建设"多彩学科"，全面丰富学校课程

"多彩教育"以"多彩学科"来推进各学科课程群的建设，是彰显学校学科特色的重要路径。"多彩学科"内涵体现出的是课程理念引领下的文化共识，是学科特色的追求，是学科品质的凸显，是师生共同发展的学科。

（一）"多彩学科"课程群建设

在课程理念的引领下，制定学科课程群建设方案，构建"国家基础课程＋学科拓展课程"学科课程群，建设具备我校特征的"多彩学科"课程群。

"纯美语文"课程群。我们认为"纯美"是学校语文学科的核心精神，也

是学校语文学科的共同追求，以"纯"为始着眼于学生的纯然的情感需求和个性的自由发展，以"美"为终落实为学生的核心素养，培养语文的语感和能力，提高写作、交流的水平，让语文自然美好地浸润学生心灵。"纯美语文"是品味语文本色、发现语言文字魅力的课程，"纯美语文"是充分展示自我，体会"趣味"的课程，"纯美语文"是传承中华民族传统美德、提升综合素养的课程。除国家基础课程外，"纯美语文"课程设置如下（见表5-8）。

表5-8 合肥市华府骏苑小学"纯美语文"课程设置表

年级/学期 课程内容		纯美识写		纯美阅读		纯美写作		纯美交际		纯美综合
		课程名称	课程内容	课程名称	课程内容	课程名称	课程内容	课程名称	课程内容	纯美节日
一年级	上学期	拼音王国	乐识拼音	童谣童趣	吟诵童谣	童心童话	标点家族	敢想敢说	说好普通话	拼音节
	下学期		拼读闯关		乐背童谣		美词好句		善听他人言	绘本节
二年级	上学期	探寻字源	横竖撇捺	唐诗宋词	韵味唐诗	奇思妙想	画中有话	绘声绘色	看图说故事	童话节
	下学期		追根溯源		乐唱宋词		爱想会写		我爱讲故事	成语节
三年级	上学期	识字达人	初探结构	寓言阅读	寓中有理	初露锋芒	所见所闻	三人之行	不耻下问	寓言节
	下学期		查字能手		寓言剧场		读给你听		有商有量	故事节
四年级	上学期	胸中有字	有趣部首	古香古色	初读小古文	小试牛刀	病句诊断	妙不可言	口口相传	书法节
	下学期		巧识会辨		欣赏小古文		书信达情		能说会道	摄影节
五年级	上学期	下笔不俗	书艺能手	诗情画意	诵读诗歌	大美匡河	匡河历史	能言舌辩	乐说敢言	诗歌节
	下学期		快打比拼		诗歌赛读		匡河四季		三言两语	作文节
六年级	上学期	法神韵美	软硬兼修	小说月报	名著名篇	妙笔生花	我行我修	有礼有句	娓娓动听	辩论节
	下学期		一展身手		好书推荐		小小作家		出口成章	课本剧节

"灵慧数学"课程群。我校数学学科课程理念定位为"灵慧数学"。其内涵特征是培慧智、促慧思、提慧能和乐慧创。"灵慧数学"课程依据课程标准，结合本校儿童发展特点具体分为"灵机妙算""慧美图形""慧制统计""灵动实践"四大类，建构灵慧数学学习图谱。"灵慧数学"课程的实施，积累儿童的数学实践性活动经验，丰富儿童的数学学科素养，形成儿童必备的人格品质。除了国家基础课程之外，"灵慧数学"课程设置如下（见表5-9）。

表5-9　合肥市华府骏苑小学"灵慧数学"课程设置表

年级/学期		灵机妙算（数与代数）		慧美图形（图形与几何）		慧制统计（统计与概率）		灵动实践（综合与实践）	
		课程名称	课程内容	课程名称	课程内容	课程名称	课程内容	课程名称	课程内容
一年级	上学期	加减有理	分与合	有趣的拼搭	立体之美	小鬼当家	收纳小达人	经商有道	买年货
	下学期		百数能手		平面之美		采购小能手		小小商店
二年级	上学期	计算达人	横式之谜拍七令	边边角角	快乐七巧板	分门别类	超市管理员	校园中的测量	身体尺
	下学期		竖式之谜		角的王国		了解你的好朋友		测定方向
三年级	上学期	你追我赶	抢1游戏清0游戏	奇思妙想	巧剪窗花	职业体验	小小裁判员	空中农场	农场的周长
	下学期		巧算24点		创意钟面		小小调查员		农场的面积
四年级	上学期	费尽心机	巧填运算符号	还原设计师	完好如初	快乐旅行	快乐出发	运筹帷幄	幸运大转盘
	下学期		巧算专家巧算内角和		美丽图案		人在囧途		我是大侦探
五年级	上学期	觅迹寻踪	数独	化繁为简	一分为二	仰观俯察	天气的变化	吃喝玩乐	今日菜谱
	下学期		寻找完美数		合二为一		蒜叶的生长		班级联欢会
六年级	上学期	比比皆是	树叶中的比	多维空间	"图"有其表	开源节流	促销策略	先发制人	魔方竞速
	下学期		大树有多高		体积中学问		财源广进		绘制平面图

"Enjoy英语"课程群。我们认为"Enjoy"是学校英语学科的核心精神，也是学校英语学科的共同追求，我们确定了"Enjoy英语"的学科课程哲学。"E"表示"Energetic"（活力的），"N"表示"Naive"（童真的），"Joy"表示"Joyful"（快乐的）。基于此，"享受英语学习的快乐"成为我校英语课程理念，"Enjoy英语"通过教师资源联动、师生有效互动、多样评价方式创造富有活力、激发童真、充满快乐的英语课堂，让学生在动静结合的课堂体验中落实教学目标、内化语言，培养积极主动、乐观自信、童真快乐的优秀学生品质，享受英语学习的快乐。除了国家基础课程之外，"Enjoy英语"课程设置如下（见表5-10）。

表5-10　合肥市华府骏苑小学"Enjoy英语"课程设置表

| 学年/学期 | 课程内容 | 童真英语 | 活力英语 | 快乐英语 |
		课程名称	课程名称	课程名称
三年级	上学期	游戏空间	表演时间	自然拼读
	下学期	律动歌谣	快乐闯关	字母超市
四年级	上学期	能歌善舞	阅读俱乐部	跳动词卡
	下学期	英语之声	童声童唱	妙语连珠
五年级	上学期	故事时间	最佳拍档	趣味小屋
	下学期	故事列车	争分夺秒	童趣美文
六年级	上学期	环球影城	脱口秀	头脑风暴
	下学期	原著欣赏	最强大脑	唤醒耳朵

"融慧科学"课程群。我校科学学科的课程理念为"融慧科学"，"融慧科学"即"融多学科之智慧，以探究实践为汇聚"的课程，"融慧科学"凝聚着对世界万物的无尽追求，折射着平常生活中存在的科学本真，承载着对中华民族的责任、社会的关注、世间万物本质的思索。"融慧科学"课程实施让学生在多彩的科学世界里实践创新，感悟科学的魅力，积累足够的科学基础知识和实践动手能力，对学生进行潜移默化的科学素养教育，让学生在开放、开心、打开个性化的科学课堂中，提升科学态度和个人科学素养。除了国家基础课程之外，"融慧科学"课程设置如下（见表5-11）。

表 5-11　合肥市华府骏苑小学"融慧科学"课程设置表

课程 年级	融慧阅读	融慧课堂	融慧探究	融慧智造	融慧创造	融慧科学节
一年级	走近科学	科学启迪	匡河风景	巧手巧做	乐高设计	科普碰碰车 科学小舞台 科创竞技场 科学嘉年华
二年级	走入科学	启迪未来	走入匡河	巧手制作	乐高搭建	
三年级	科学大观	百盛科学	探索匡河	STEAM （一）	小创客 （一）	
四年级	科学百科	科学观览	探索匡河	STEAM （一）	小创客 （一）	
五年级	小发明家	探究海卉	匡河攻略	STEAM （二）	小创客 （二）	
六年级	小发明家	探究科学	海卉攻略	STEAM （二）	小创客 （二）	

（二）"多彩学科"团队建设

"多彩学科"建设在推进学科课程群建设的同时，学校创设有效途径和举措来建设"多彩学科"组，不断助力教师的发展。

推动教师们的"教学主张"丰富形成。要以"教学主张"为主线，倡导每位教师做具有自己独特风格的教师。要引领教师们在本人的教学中勤于思考，善于总结，进而成就个人的"教学主张"。积极搭建研究平台，将课堂、课程和课题合三为一，按"思—行—思"构建教师的教学研究模式：在教学实践中形成个人教学理解，再通过课题研究和课程建设来深化自己的教学实践，形成教学思想，确立本人的教学模式。在校本研修上要设置"多彩讲堂"、教研月活动、"青蓝工程"等方式，让教师们交流分享、教学研究，在同伴互组、专家引领的研修过程中，学科团队得以持续成长和发展。

推动教师们"教学共识"凝练形成。各学科要围绕学科理念，根据各学科实施操作要义，结合学科实施的评价标准，让教师们通过自身的学科教学，在丰富自身"教学主张"的基础上，学科组内要凝炼教学得失，提出教学共识，形成学科组的教学模式。

推动教师们"学法指导"清晰形成。以生为本，以学习为中心，学校要积极倡导教师们在教学过程中要注重关注学科学习活动和学习方法的指导和研究，通过研究，实施华小各学科组学法指导文本，促进学生学习能力的提升。

（三）"多彩学科"评价要求

学校在推进"多彩学科"建设，全面丰富学校课程过程中，注重加强推进"多彩学科"课程群建设，建构特色学科评价标准。在对"多彩学科"团队建设中，除了学科组评价标准对"多彩学科"团队进行有效评估，还构建学科备课组建设的评价标准推进备课组特色化和优质化发展，另外学校对教师参与课程建设情况，注重强化对教师课程开发与实施的检查、监督和评估（见评价导航表5-12、表5-13、图5-3）。

表5-12　合肥市华府骏苑小学学科建设评价指标体系表

一级指标	二级指标	评 价 标 准	评分Ki				
			分值 Mi	A 1.0	B 0.8	C 0.6	D 0.4
特色学科发展规划（14分）	特色学科发展理念	1.符合教育发展要求 2.遵循学科发展规律 3.符合学生发展要求	8				
	学校的学科传统与实际情况	1.学科传统情况 2.学校资源配置 3.学科发展规划	6				
特色学科标志（36分）	学科团队	1.学科队伍结构 2.学科带头人情况 3.学科骨干情况	9				
	学科课程	1.学科课程体系 2.学科课程群建设 3.学科课程突出校本特色资源优势	9				
	学科教学	1.课堂教学 2.教学风格 3.教学方法和手段 4.特色教学经验	9				
	学科学习	1.学生具有主动学习的意愿，对学习有兴趣 2.学习观念和方法 3.学生学科素养	9				
特色学科建设条件（18分）	学科教学条件	1.图书室、图书资料 2.教学设备 3.教科研活动场所	6				
	学科运行机制	1.教师培养制度和活动 2.教研制度等	6				
	学科文化	1.教研组文化 2.学科文化	6				

一级指标	二级指标	评 价 标 准	评分 Ki				
			分值 Mi	A 1.0	B 0.8	C 0.6	D 0.4
特色学科成效（32分）	学生的全面发展	1. 学生精神面貌和学习主动性 2. 学生参与范围及特长发展 3. 学生成果	8				
	教师的专业成长	1. 教师精神面貌 2. 教师业务能力	8				
	教育科研成果	1. 课题研究 2. 科研成果	8				
	社会影响力	1. 成果获得良好的社会声誉 2. 成果具有一定的推广性	8				

表5-13 合肥市华府骏苑小学学科（备课）组评价表

学校		组别		评分
一级指标	二级指标	三级指标		
树立共同愿景	1. 学科组共同的愿景（5分）	（1）有无共同的愿景规划 （2）愿景规划是否科学 （3）愿景规划内容是否符合实际		
	2. 个人奋斗目标（5分）	（1）有无个人奋斗目标 （2）个人奋斗目标是否切合要求 （3）个人奋斗目标是否符合实际		
敢于超越自我	3. 自我超越愿望、行动（10分）	（1）是否制定计划 （2）有无主动行动		
	4. 自我超越实践（10分）	（1）教学实效是否提升 （2）教学质量是否提升		
形成学习氛围	5. 相互学习、合作工作的氛围（10分）	（1）会议记录、备课和听课笔记，全组是否协调合作 （2）备课、上课、教研等工作是否有和谐合作的氛围		
	6. 教研活动质量（10分）	（1）教研活动是否规范、正常 （2）教研活动是否质量高		
生成反思能力	7. 学习是常态方式（5分）	（1）教师能否把学习贯穿在教学常态中 （2）教师能否读教育理论书籍提升自己		
	8. 反思教学行为（5分）	（1）能否写教后记 （2）能否写教学反思论文		

（续表）

学校		组别		评分
一级指标	二级指标	三级指标		
生成反思能力	9.研究的能力（10分）	（1）是否参与承担课题研究 （2）每年能否写一篇论文		
课程开发和执行力	10.开发校本华课程（10分）	（1）是否参与课程建设研究 （2）每年能否开发相应的校本化课程		
	11.对校本课程的落实（10分）	（1）每年能否对校本化课程实施好		
建立管理制度	12.建立人文化的自主管理制度（10分）	（1）有无自主管理制度 （2）管理制度能否体现人文关怀 （3）管理制度是否落实		

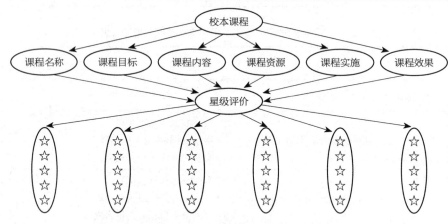

图5-3　合肥市华府骏苑小学教师课程开发与执行力评价图

对"校本课程"的评价：

1.有三项或三项以上五颗星，其他选项没有1颗星的课程继续保留。

2.出现一项1颗星的课程要求改进。

3.出现2项或2项以上1颗星的课程，要经课程组讨论，决定删除还是改进。

三、开展"多彩学术节"，丰富学校课程实施

校园是学生自由伸展多彩表现的空间，更是多彩教育文化扎根生长的舞台。学校根据学生的需求，创设"多彩学术节"课程，让学生展示才能和特长，丰富学生的生活，感受学术节的魅力，享受学术节学习的乐趣，促进学生的发展。

（一）"多彩学术节"的内涵和要义

"多"是指学术节所设课程的项目的丰富，"彩"是指活动取得的效果和育人过程体现出彩。"多彩学术节"是学生课堂活动的延伸，给予全体学生参与的机会，通过学术节活动来发展学生的素质。"多彩学术节"课程具有全员性、活动性、体验性、育人性四大特点。"多彩学术节"是通过贴近学生生活的多样活动内容与形式来开展的课程。"多彩学术节"是重在创设适合的场景让学生真实体验经历的课程。"多彩学术节"是课堂活动延伸与拓展的课程，并具有广泛育人契机的课程。

（二）"多彩学术节"的操作要求

"多彩学术节"课程通过开放、广阔的学习平台，让学生在实践体验中运用综合学习、探究学习等方式，主动学习，促进学生发展。"多彩学术节"是彰显校园文化打造学校特色的有效途径，是增强课程实施成效的有力保障。"多彩学术节"依次是年文化节、数学节、艺术节、体育节、语文节、科技节、英语节和丰收节。"多彩学术节"课程设置如下（见表5-14）。

表5-14 合肥市华府骏苑小学"多彩学术节"课程设置表

月份	学术节	课程活动（主题）	课程实施
二月	年文化节	年货　年光　年俗　年味　年拍　年话	1.语文节等学科节由学科组牵头组织，学科组教师全体参与，学科领导负责，在全校范围内开展实施。 2.年文化节、小能人节和丰收节中的庆元旦主题活动由德育处、大队部以德育主题活动的形式实施。
三月	数学节	创意节徽　吉祥物创意DIY　竞技PK	
四月	美术节	妙笔生画　书墨飘香　手工创意　绚丽生活	
五月	音乐节	律动飞扬　华小好声音　器乐多彩秀	
六月	艺术节	才艺大比拼　"六一"联欢	
七八月	小能人节	美德少年评比　美丽学生评比　优秀少先队员　优秀班干和优秀学生评比　优秀雏鹰小队评比	
九月	体育节	队列队形与广播操（啦啦操）比赛　田径运动会　亲子运动会　创意课间游戏	
十月	语文节	书写小达人　小小朗读者　诗情画意　口口相传	
十一月	科学节	科普碰碰车　科学小舞台　科创竞技场　科学嘉年华	
十二月	英语节	字母超市　跳动词卡　好词佳句　童趣美文　律动歌谣　故事列车　纸短情长　妙笔生画　最佳拍档	
一月	丰收节	庆元旦主题活动　各类学科表彰活动	

（三）"多彩学术节"的评价要求

"多彩学术节"课程活动开展注重普及性，强调学生的全员参与，开展活动注重家、校、社会各种资源的整合，强调课程资源形成合力。"多彩学术节"评价体系对各学术节项目活动开展的目的、内容、方式、过程和效果进行评价，强调评价的针对性和有效性，能保障学术节课程高效推进，助推学生的发展（见评价表5-15）。

表5-15　合肥市华府骏苑小学"多彩学术节"评价表

小组人员		评价教师	
课　程		班　级	
项　目	评　价　标　准		评　价
活动内容 30分	活动具有针对性，难易适度，符合学生的年龄特征		
	有趣味性，激发学生的兴趣和好奇心		
	内容符合新课程标准的要求，知识有一定的拓展，具有创新性		
	贴合生活实际，提高学生解决问题的实践能力		
活动形式 20分	形式要生动活泼，把学生引入求知的活动中		
	班班结合，学科知识与社交能力共同增长		
	家校结合，多方面开发资源		
	参与到社会生活活动中，提升多方面能力		
活动过程 30分	学生参与积极，主体作用发挥好		
	各种能力增长循序渐进		
	教师管理有方，学生活动有序		
活动效果 20分	学生兴趣得到培养，个性特长得到发展		
	能够根据活动的要求，学生在获得知识的同时，拓展了思维空间，培养了创新意识，也得到了情感上的丰富		
综合评价			
精彩之处：		问题及建议：	

四、开设"多彩社团"，发展学生兴趣特长

社团是提供学生发展兴趣特长的平台。为落实育人目标，依据我校课程

理念，学校开设了门类多样的"多彩社团"，满足学生的个性需求。

（一）"多彩社团"的内涵与要义

"多彩社团"是学校文化和特色品牌凸显的重要途径，也是学生个性化发展的举措。"多彩社团"课程在实施中具有发展学生个性成长，具有潜能激发、能力培养、素质提升的功能。因此，"多彩社团"课程实施重在给学生提供丰富的不同智能的社团，让学生在按需选择中接受学习，发展优势，从而达到能力的培养。

（二）"多彩社团"的主要类型

学校"多彩社团"开设体育、逻辑、语言、音乐、美术、科技六大类别社团，同时也开展学科融合类社团，供学生按需选择，进行自主、快乐学习。"多彩社团"课程设置具体如下。

体育类社团：跆拳道、击剑、篮球、乒乓球、足球、轮滑、空竹、啦啦操、健美操、排球、羽毛球、武术等。

逻辑类社团：象棋、围棋、机器人、电脑制作、电脑绘画、趣味编程、逻辑思维训练等。

语言类社团：英语绘本、故事会、小主持人、小记者、课本剧、阅读与训练、国学、古诗词赏析等。

音乐类社团：二胡、管乐队、合唱队、庐剧戏曲、声乐等。

美术类社团：科幻画、儿童画、手工、剪纸、硬笔书法、软笔书法、陶艺、纸浆画、串珠、丝网花等。

科学类社团：信息学、科技动手做、STEAM、无人机、航模、3D、小创客等。

融合类社团：美食汇、快乐农场、民族舞蹈、阳光心理等（见表5-16）。

表5-16 合肥市华府骏苑小学"多彩社团"课程设置表

社团类别	社 团 名 称
体育类	跆拳道 击剑 篮球 乒乓球 足球 轮滑 空竹 啦啦操 健美操 排球羽毛球 武术
逻辑类	象棋 围棋 机器人 电脑制作 电脑绘画 趣味编程 逻辑思维训练
语言类	英语绘本 故事会 小主持人 小记者 课本剧 阅读与训练 国学

（续表）

社团类别	社团名称
音乐类	二胡　管乐队　合唱队　庐剧　戏曲　声乐
美术类	科幻画　儿童画　手工　剪纸　硬笔书法　软笔书法　陶艺　纸浆画　串珠　丝网花
科学类	信息学　科技动手做　STEAM　无人机　航模　3D打印　小创客
融合类	美食汇　快乐农场　民族舞蹈　阳光心理

（三）"多彩社团"的实施策略

为保障"多彩社团"课程规范运行，学校制订"多彩社团"实施方案，成立社团发展管理组织，构建"多彩社团"课程体系，打造一批特色彰显的品牌社团，造就教师骨干队伍，形成一套高效、灵活的社团运行工作机制。

一是成立管理组织，建章立制。为了做好我校社团工作，服务广大师生，成立管理领导小组，全面负责社团的各项工作。组员由中层班子组成，办公室设置教学处，为领导小组办事机构，负责学校社团日常工作落实。同时形成"校长室—中层—社团教师"三级运行机制。为加大制度保障，学校制定了《合肥市华府骏苑小学少年宫工作管理制度》等管理制度。

二是构建多元社团课程体系。为尽可能提供"按需所学"，学校创设教育教学的内、外部环境条件，对校内、社区等课程资源作了有效整合，形成丰富、适切学生需要的各类别社团给学生学习，助推学生发展。

三是强化教师队伍建设。多措并举来对社团教师进行选拔、培养，提升他们专业化施教水平。同时积极挖掘社会、家长的专业资源到校进行志愿服务，为孩子开设社团进行指导。

四是加强社团工作管理。通过社团相关制度的建立并严格执行落实，从社团活动的计划、内容、时间、形式、成果等方面进行监控管理，保证社团活动有效开展。

（四）"多彩社团"评价要求

学校改进和改善教育教学的内部环境和外部条件，做到校内外资源的有效整合，形成教育合力，学生获得好的课程资源学习，助推学生发展。"多彩社团"评价从社团过程评价和展示评价两个方面设置13个维度考核标准进行综合评价,不仅从评价得分中反映出社团活动的规范性和教学有效性,对社员的学习效果和优秀社员产生情况也能够体现,同时也能从最终综合得分中产生出优秀社团。"多彩社团"评价表如下(见表5-17)。

表5-17 合肥市华府骏苑小学"多彩社团"评价表

评价项目	评 价 标 准	评价 (每项最高10星)
过程评价	制定可行的管理制度及详细活动计划	
	活动主题、内容、形式有创新	
	活动组织井然有序,学习氛围浓厚	
	社团名册及活动过程记录详实	
	活动照片及学生作品保存完整	
	教师的指导张弛有度,有针对性	
	每次活动结束后都有相应的总结、反馈、评价	
成果展示	展示形式丰富新颖	
	内容符合社团特点、全面完整	
	活动小组分工合作有序	
	有借鉴价值的经验与反思	
	学期优秀社员评比推荐	
	参与校级及以上展示、比赛情况	

五、走向"多彩之旅",推进学生综合实践课程开展

"多彩之旅"课程提供了丰富的学习资源、开放的学习场域,让他们在课程的学习中通过体验、实践,学得有趣,利于知识的汲取、能力的提升,是基础课程的有益补充。学校以"多彩之旅"为主题,广泛开展研学旅行实践活动。我们认为"多彩之旅"课程从学习方式、学习内容、学习途径、学习评价方面体现出研学旅行的多元性、开放性、实践性、育人性等内涵特征。

（一）"多彩之旅"的实践操作

学校充分整合校外实践活动资源，积极为学生搭建综合学习的平台，为学生的个性化发展开辟新的学习领域。"多彩之旅"课程开展的综合实践活动，主要从文化与历史、自我与社会、自然与科技三个领域开发研学项目提供给学生学习。"多彩之旅"课程设置如下（见表5-18）。

表5-18　合肥市华府骏苑小学"多彩之旅"课程设置表

课　程	地　　　点	活　　　动
自然之旅	天鹅湖、匡河、动物园、植物园、环城河、南淝河、巢湖、非物质文化园、紫蓬山风景区、姥山	观察大自然，亲近大自然
读书之旅	安徽省图书城、合肥市图书馆、合肥市新华书店	参观图书馆和书店，感受读书乐趣，养成爱读书、会分享的好习惯
寻根之旅	安徽省博物院、大蜀山烈士陵园、三国古城、逍遥津公园	了解家乡的文化和历史，激发对家乡、祖国的热爱
爱国之旅	探访老家、三河古镇、渡江战役纪念馆、包公祠、李鸿章故居、李克农故居	了解家乡的文化和历史，激发对家乡、祖国的热爱
科技之旅	安徽省科技馆、合肥市科技馆、安徽省气象馆、安徽省地质博物馆、董铺岛中科院、合肥工业一日游	走进科技馆和现代化工厂，体验科技的魅力，了解科技的先进，激发对科学的热爱
艺术之旅	合肥久留米市艺术馆、安徽省徽京剧院、赖少其艺术馆、电影院	欣赏艺术作品，感受艺术的魅力，受到美的熏陶
爱心之旅	合肥福利院、敬老院慰问、社区志愿服务	走进爱心机构进行赠送礼物、祝福等爱心行动

"多彩之旅"课程由德育处牵头组织，语文组、道德与法治组合科学组联合对综合实践活动、主题研学活动等进行分年级实施。有些课程不便于集中组织研学活动，可以利用节假日时间通过家庭亲子活动或学生小组合作形式完成。

（二）"多彩之旅"的评价要求

"多彩之旅"评价标准体系一是从学生个人参与实践活动情况进行量表评价，该量表从参与态度、与他人合作、积极研究、成果积累和创新求异方面设立维度，对学生进行优、良、合格等评价。二是对小组进行量表评价，内容上有实践活动课题、参与人员、学习态度、合作、实践能力、成果评定等一级指标设立，对一级指标再分类设置二级指标考核范围，最终形成三级指标的关键评价要素，从而形成可操作性的量表。评价方式采用自评、互评和师评。"多彩之旅"课程学习评价表如下（见评价导航表5-19）。

表5-19　合肥市华府骏苑小学"多彩之旅"课程综合性实践活动学习评价表

社会实践课题				指导教师	
参与成员				成果形式	
评价指标	一级指标	二级指标	三级指标		
	学习态度	参与意识	积极主动，出勤率高，有责任感和上进心		
		意志品质	意志坚强，不怕挫折		
	与他人合作	组织能力	同伴互助，善于求助，自主性强，能发动群众		
		团队精神	团结合作，求同存异，交流分享，有奉献精神		
	实践能力	问题意识	善于发现有价值、与众不同的问题		
		观察、判断能力	观察细致、敏锐，视角广，有深度		
		信息处理能力	善于收集、处理，能掌握，会运用		
		思维创造力	思维敏捷，有创造性，能举一反三，学以致用		
		操作实践能力	勤动脑，善动手，调查、实验、设计、制作，有结果		
	成果评定	形式	完整，新颖		
		质量	科学，实用		
收获与启示					
自评					
互评					
师评					

六、推行"多彩赛事",搭建学生展示自我的平台

学校推行"多彩赛事"活动,就是进一步丰富学生学习生活,以赛促学,展示学生风貌。

(一)"多彩赛事"的实践操作

学校在"多彩童年"系列活动实施中创设"多彩赛事"活动平台,既是让学生能够通过"多彩赛事"的参与,提升自身的能力和水平,也是验证学生学习课程效果的方式。

一是在各学科开展的"多彩学术节"实施方式中,对所设立的模块采用班级和校级两个层面的展示和比赛。如科技节的嘉年华中让学生的作品得以集中展示、宣讲、PK等。学术节上各类比赛激发了学生的参与兴趣,提升了学生课程的学习效果。

二是"多彩社团"平时开展活动外,每学期都要通过艺术节的展示方式,选拔优秀社团的项目参与艺术节的展示。同时让优秀的精品社团项目参与区、市开展的相关比赛。如轮滑社团、合唱社团、空竹社团、创客社团、击剑社团、戏曲社团等都参加过区级及以上展示、比赛,活动取得区市级奖项,较好地展示出华小学生风采。

三是通过"多彩之旅"活动实施,学校学生的社会实践活动成果通过展示、比赛的形式进行评比,同时也推荐参加各级竞赛。如空竹社团活动参加区里展示。

四是其他专项比赛实施。"多彩赛事"平台搭建除以上三种途径外,每学期学校根据上级和社会各级各类有益学生发展的专项比赛,精心谋划,组织学生训练,积极参与诸如上级组织的书画大赛、禁毒知识竞赛、"悦读"比赛等。

(二)"多彩赛事"评价要求

针对"多彩赛事"评价标准,按照赛事的途径来源,属于"多彩学术节"范畴的,对其评价放到"多彩学术节"评价要求里去。属于"多彩社团"范畴的,对其评价放到"多彩社团"评价要求里去。属于"多彩之旅"范畴的,对其评价放到"多彩之旅"评价要求里去。属于其他专项赛事的评价按比赛方的评价要求进行组织、评比。最终,"多彩赛事"活动成果纳入到"多彩少年"评价标准里。"多彩少年"评价标准如下(见评价导航表5-20、图5-4)。

表5-20　合肥市华小学生学习发展评价量表

评价项目	评价内容	评价标准 优（5分）	良（4分）	中（3分）	差（2分）	评价方式 自评	互评	家长评	师评	备注
学习态度	1. 学习目标明确，重视学习过程的反思，积极优化学习方法 2. 逐步形成浓厚的学习兴趣 3. 保质保量按时完成作业 4. 重视自主探索、自主学习，拓展视野									
学习方式	1. 能自主学习 2. 学习兴趣浓厚，积极参与活动 3. 采取合作、探究学习的方式 4. 学习中善反思，有创新，提出并解决问题									
参与程度	1. 认真参加学习活动，积极思考，善于发现问题，勇于了解问题 2. 逐步提高表达与交流能力 3. 参加探究、建模活动，加强文化的学习 4. 参加实践活动									
合作意识	1. 积极参加合作学习，勇于接受任务，敢于承担责任 2. 加强小组合作，取长补短，共同提高 3. 乐于助人，积极帮助学习有困难的同学 4. 公平、公正地进行自评和互评									

（续表）

评价项目	评价内容	评价标准 优（5分）	良（4分）	中（3分）	差（2分）	评价方式 自评	互评	家长评	师评	备注
探究活动	1. 积极尝试，体验研究的过程 2. 逐步形成严谨的科学态度，不怕困难的科学精神 3. 勇于质疑，善于反思，有创新意识 4. 善于观察，提出问题，探究规律，撰写探究活动报告									
知识和科技能力的应用	1. 认真观察学科知识与日常生活和其他学科的联系 2. 积极体验知识在实际解决问题中的价值和作用 3. 有解决问题的意识和能力									
其他	情感、态度、价值观的转变 认知发展									
综合评价	小组评价等级	任课教师评价等级	教师寄语：							

备注：A：优秀，B：良好，C：一般，D：有待改进。

综合评价实施机制：学习态度、参与程度、学习方式、合作意识、知识技能应用、探究活动和情感、价值观等每项都为5学分。一个学期对学生评价一次，每位学生的评价形成一张表格和评价雷达图，整理成资料存档（见图5-4）。

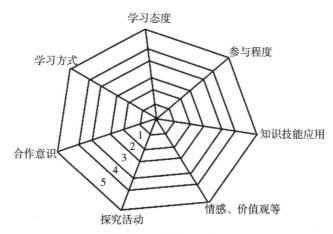

图5-4　合肥市华小学生评价雷达图

总之，在课程中，如果只是注重课堂、师生关系等方面的变革，仅把课程当作教科书或科目，习惯执行国家课程、照搬教材的思维方式，没有形成一种开放的、科学的课程意识，教育实施者对学校的教育理念理解不够，课程意识不够，而又无课程自励的行动，缺乏主动的探究与坚强的意志，必然会缺乏广泛的、深入的认同过程学习，课程的执行力、开发力、评价力等方面能力也会参差不齐，为了让每一个学生走向成功，七彩虹课程在我校的实施势在必行，而适时地课程自励之于课程实施必不可少。

（撰稿者：孙波　王兵　徐敏　邵玉立）

第六章

课程自省是关于课程的自我评价、反省和调控，是孔子提出的一种自我道德修养方法在教育领域、课程方面的应用。课程自省应以一定的教育理念为基础，以课程与课程实施的关系为切入点，善于就课程的各个方面进行自我评价，而在及时评价后的反省、调控于课程发展必不可少。

深刻的课程自省

课程自省是自我评价、反省和调控，是孔子提出的一种自我道德修养方法在教育领域、课程方面的应用，及时的评价、调控于课程发展必不可少。而最为首要的就是课程的自我评价。

课程评价重点在于课程实施价值和效果的判断，教育要培养学生的核心素养，课程评价就应以教育的终点为起点，以学生核心素养的形成与否来判定课程实践的积极意义和有用性，并据此做出改进课程的决策。

而自省所涉及到的评价模式，尤需重视，从泰勒的"目标评价模式"，到普罗佛斯的差距（discrepancy）评价模式，并没有哪一种可以直接为我们所用，每一所学校，都应该在基于本校实际的基础上借鉴吸收、有所创新地应用这些课程评价模式，对自己学校的课程进行深刻的自省。早在2014年，教育部就明确提出要落实学校在教学评价实施等方面的自主权。[①]这充分说明学校在课程评价方面有了越来越多的话语权。

评价是课程自省的第一步，也是最为关键的一步，然而，评价并不是最终的目的，评价是为了更好的改进，因此基于课程评价基础上的课程调控至关重要，这便又回到了课程实施，故而我们说，课程的开展是一个循环的过程，积极的课程自为之后是反复的自省，课程自省后又将展开新一轮的课程自为。

合肥市蜀山区香樟雅苑小学真正做到了对课程自省的关注，并开展了嵌入式、分享式、团队式和展示式等多种评价方式。此外，由于学校发展基础、课程方向的差异性，他们还基于一定的评价指标合理开发了适合自己的评价工具，比如观察量表、调查问卷、访谈提纲等。

深刻的课程自省应该贯穿于课程的方方面面，时时刻刻，这就必然需要简化学校课程评价的程序和步骤，让关于课程的自省更为灵活民主地实施，使之成为学校成员每天工作的一部分，只有这样，学校课程自省才能真正发挥出其应有的价值和功能。为此，香樟雅苑小学简化了课程评价程序，将课程自省日常化，同时，课程自省后的课程调控同样在有序而多元化地展开。

（撰稿者：甘香瑞）

① 中华人民共和国教育部. 教育部关于全面深化课程改革落实立德树人根本任务的意见（教基二[2014]4号）[EB/OL]. http://www.moe.gov.cn/srcsite/A26/jcj_kcjcgh/201404/t20140408_167226.html. 2014-03-30 /2020-10-28.

合肥市香樟雅苑小学，位于合肥市蜀山区合作化南路15号。学校占地面积约为4 695 m²，其中建筑面积4 174 m²，运动场地面积2 234 m²，绿化面积约为928 m²。学校教学设施一流，学生专用活动室分别有音乐教室、美术教室、科学实验室、图书阅览室、微机室及多媒体教室等。目前，学校共有19个班级，800多名在校学生。

第一节

<h1 style="text-align:right">评价学校课程理念</h1>

　　评价学校课程理念是课程自省的第一步，学校结合多年的办学经验，初步形成"道法自然，香韵致雅"的办学特色。基于学校已有的办学特色及对教育本质的认知，建构了学校教育哲学——香雅教育。

一、学校教育哲学：香雅教育

　　"香"，《说文解字》曰："香，芳也。从黍，从甘。"[①]《毛诗序》释"雅"为"正"。[②] "正"即"标准"之义。《荀子·荣辱》曰："君子安雅。"[③]意思是说："正而有美德者谓之雅。"基于上述考虑，我们提出以下教育信条：

　　　　我们坚信，教育渗着淡淡的香味；

　　　　我们坚信，教育是光明、温暖的；

　　　　我们坚信，教育传递的是生命气息；

　　　　我们坚信，道法自然是最好的教育方法；

　　　　我们坚信，教育是让生命的活力充分涌流；

　　　　我们坚信，向着阳光生长是教育的最美姿态。

二、课程理念：向着阳光生长

　　基于香雅教育哲学，学校提出以人为本，科学管理，全面育人，办出特

---

① 许慎.说文解字［M］.上海：上海古籍出版社，1985.
② 李学勤.十三经注疏·毛诗正义［M］.北京：北京大学出版社，1999.
③ 张觉.荀子译注［M］.上海：上海古籍出版社，1995.

色的办学理念。

杜威说：教育即生长。[①] 从"香雅教育"的内涵出发，我们将"向着阳光生长"确定为学校的课程理念，并朝着让学生更阳光、更自然、更科学地成长的方向迈进。这意味着：

——课程即生命成长的养料。我们把学生放在课程的中央，因材施教、面向全体，让每个学生都积极、创新、健康、灿烂，让每个生命都能够向着阳光茁壮生长，绽放出独特的生命光彩。

——课程即正向力量的导引。我们要提供生命成长的条件，给予学生一个快乐、安全、幸福、民主的世界，一个自信、创造、自主、开放的空间，使学生的天性和与生俱来的能力得到健康生长。

——课程即有味道的经验。我们以爱为前提，以唤醒学生心灵的需求和不断激发学生的主观能动性为方式，以让学生真正享受到学习的快乐为目标，让学生过一种幸福完整而有意义的教育生活。

——课程即生长的能量交换系统。所有的生活都是知识，整个大自然都是课程。我们要为学生提供开放的课程空间，整合一切教育资源为学生的自我构建和自我成长提供条件，让学生的学习经验、社会活动相互链接，自然转化为学生生长的能量。

香樟树是学校的校树，它清香高雅，独特的气质彰显了自身品性的高尚，是树中之君子，正契合了学校的育人目标，我们将基于"香雅教育"的学校课程体系简称"香樟树课程"。

"香樟树课程"犹如一棵枝繁叶茂的香樟树，它圆润和谐，生长有序，树枝干都按一分为二、二分为四的规律协调生长，不会偷工减料走捷径，也不会自以为是地画蛇添足。因此，"香樟树课程"符合国家课程标准，顺应儿童成长规律，契合我校办学特色。此课程模式的命名既取自我校校名"香樟雅苑小学"，又有我校课程建设的美好未来愿景。

① 约翰·杜威.民主主义与教育［M］.北京：人民教育出版社，2007.

第二节

聚焦学校课程目标

目标是课程理想的体现，聚焦学校课程目标是课程自省的关键。合肥市香樟雅苑小学为适应当今时代全球化、信息化要求，遵循基础教育的定位、人的成长和发展规律以及该校学生的特点，致力于全面提升学生的综合素质，提出了自己的育人目标以及相应的课程目标。

一、育人目标

围绕"香雅教育"这一核心教育价值观，学校提出了"养馨香之气，育智雅之人"的办学愿景。学校通过实施环境教育，让学生走进自然，体味自然的气息，感悟生命的芬芳。"黍稷非馨，明德惟馨"，学校还让学生诵读经典，纵情书香，给予学生优秀传统文化的熏陶，使学生的心灵得到文化的浸润。孔子说"智者乐水"，孟子提倡"仁义礼智"。"智"一直作为传统文化的精髓而存在，反映出先哲对智慧、美好品行的追求。"雅"为"正"，大智即雅。对于学校教育而言，"智雅"既教人求真知、寻真理，博学善思，也教人明事理，存善心、谦逊儒雅，二者相辅相成。

我们努力把学生培养成为"本真、善良、智慧、儒雅"的现代小公民，让学生率真质朴、博学善思、谦逊儒雅、崇德向善，成长为知行合一的健康个体。

——本真：亲近自然，率真质朴；

——善良：纯洁真诚，崇德向善；

——智慧：乐于探究，博学善思；

——儒雅：举止文明，谦逊儒雅。

二、课程目标

育人目标是通过课程目标去达成的，我们将育人目标进行细化，形成相应课程目标，具体分年级细化如下（见表6-1）。

表6-1 合肥市香樟雅苑小学课程目标表

目标 \ 年级	低 年 级	中 年 级	高 年 级
本真	初步认识自我，珍爱生命，关心自己的生活环境，初步学会爱护环境，不乱扔垃圾。积极参与体育运动。	有积极参与运动的兴趣和爱好，养成良好的生活和行为习惯。培养积极向上、乐观进取的生活态度。学习从不同的角度思考问题。掌握一定的保护环境的技能。了解一些我国历史常识。	能积极参加体育活动，保持愉快的心情，使性格变得开朗大方，能真诚待人，与他人平等地交流与合作，积极参与集体生活。对中华民族历史和文化有认同感、归属感和自豪感。
善良	能分清是非曲直，做一个善良正直、诚实守信、友爱宽容、热爱集体、团结合作、有责任心的人。	关心同学、懂得感恩。正确判断生活中遇到的道德问题，尝试创造性地探究和解决生活中的问题，争取机会，多多参与社会公益活动。	养成良好的生活与学习习惯，热爱劳动、热爱生活。逐步形成正确的世界观、人生观、价值观。遵守法律法规和日常生活中的道德行为规范，做一个懂礼貌、懂规则的人。
智慧	掌握低年段文化课程标准规定的要求，初步具有爱科学、学科学、用科学的意识。形成爱班级、爱学校、爱父母、爱老师的真实情感。初步具有对中国传统文化的学习兴趣。	掌握中年段文化课程标准规定的要求，热爱科学，热爱学习，形成较强的学习兴趣，热爱读书，学习并积累经典古诗文，爱上祖国传统文化。培养社会责任感，树立较强的文化自信。	掌握高年段文化课程标准规定的要求，热爱科学、热爱学习，并具有用科学的意识。拥有较强的社会责任感，诚实、守信，言行一致。具有初步的创新意识和实践能力，提升科学和人文素养。具有适应终身学习的基础知识、基本技能和方法。认识和了解中国的传统文化。
儒雅	知道生活基本常识，识记良好习惯要求，并在学习生活中逐步形成。举止文明，待人温和。	懂得基本的做人道理，必要的处事能力。谈吐文雅、举止典雅。关心社会环境，能处理好个人与环境的关系，具有一定的环保意识。	爱护自然，掌握一定的环保技能。树立远大的理想，懂得为人处事的基本准则，培养积极向上的人生态度，在完善内在美的基础上学会发现美、欣赏美、表现美、创造美，养成健康的审美情趣和生活方式。

第三节

省查学校课程体系

省查学校课程体系是为了实现全面提升学生综合素质的课程目标，也是课程自省的重要内容。学校结合现有师资力量及学生的特点，将从课程结构、课程设置以及课程内容三个方面来建立学校课程体系，深化课程改革、促进学生全面发展。

一、课程结构

"香樟树课程"将课程与培养目标"对接"，课程设置与课程目标"匹配"。学校根据这种情况，根据这种"对接"与"匹配"，结合已有课程资源情况，将课程结构确定为"六大枝干"：语言发展课程、数理逻辑课程、艺术修养课程、运动健康课程、自然探索课程、社会交往课程（见图6-1）。

图6-1　合肥市香樟雅苑小学"香樟树课程"结构图

二、课程设置

根据"香樟树课程"结构图，结合学校课程资源情况，对"香樟树课程"的内容体系进行系统构建如下（见表6-2）。

表6-2　合肥市香樟雅苑小学香樟树课程内容设置表

课程模块	基本课程	特色课程	课 程 目 标
香雅文学馆（语言发展）	语文英语	香雅诗社、香雅故事屋、主持启明星、带你游家乡、小小主持人、快乐ABC等	掌握基础文化知识，提高学生的综合素质和文化修养，体会到中国传统文化的博大精深，激发学生爱国情感。通过语言学习，形成对语言文字的审美情趣，树立正确的人生观和价值观，培养学习语言的习惯和自信心，掌握一些学习语言的基本方法，培养对语言的理解能力并树立良好的语感，学会运用常见的写作手法和表达方式写作。掌握口语交际的基本能力，会倾听、善表达。学会使用常用的语文工具书。
香雅思维馆（数理逻辑）	数学信息技术	说唱数学、趣味数学、数字魔方和循规蹈矩等	通过学习获得适应社会生活和进一步发展所必需的数学、基本活动经验、基本思想、基本知识。养成良好的学习数理习惯，增强发现问题和提出问题的能力、分析和解决问题的能力，培养学习数理逻辑的兴趣与信心，具有超前的创新意识和实事求是的科学态度。
香雅艺术馆（艺术修养）	音乐美术	缤纷花鼓灯、丝竹雅舍、悠悠竖笛、家乡戏曲、巧手面泥等	能够感知音乐旋律的变化，能够体验音乐情绪的变化。能够初步认识家乡戏曲并说出几首曲名。能体验安徽地方音乐与舞蹈特点和特色，感受不同地域舞蹈风格，会简单地吹奏葫芦丝和竖笛，懂得欣赏民族音乐和地方舞蹈。掌握绘画的基本技巧，懂得欣赏美，敢于用画笔描绘自己的想象。
香雅自然馆（自然探索）	综合实践科学	稻米香、绿色种植花花世界、神奇的水等	亲近自然、珍爱生命，积极参与资源和环境的保护，关心环境发展。认识常见的农作物，了解科学知识，花草知识，掌握简单的种植知识，并能应用于日常生活。逐渐养成科学的行为与生活习惯，学会科学地观察问题、分析问题、解决问题。保持和发展对世界的好奇心与求知欲，尊重知识、大胆想象、敢于创新的科学态度和爱科学、爱家乡、爱祖国的真情实感，并细心耐心地勇于尝试。
香雅运动馆（运动健康）	体育健康	篮球部落、乒乓球天地、香雅武馆等	热爱体育运动，坚持参加体育锻炼活动。学习合理锻炼、养护身体的知识。养成自觉锻炼身体的习惯，掌握合理锻炼、养护身体的方法。养成良好卫生习惯，具有良好的个人生活、饮食等卫生习惯，自觉保持环境卫生，注意用眼卫生。增强适应、抗病能力，保持健康的身体和具有初步的环境适应能力。学会自我保健，有一定抗病能力。掌握至少一项以上的体育技能。

（续表）

课程模块	基本课程	特色课程	课程目标
香雅社交馆（社会交往）	道德与法治	说你说我、雅言雅行、快乐生日派等	知道学会交往是传递信息的有效途径；感受语言、肢体相互影响的过程；通过和同伴合作完成任务，加强人际交往，能真诚地提出自己的想法和观点，并为对方所接受。与父母之间的交往，能够平等对话，愿意向家长述说自己的想法。查询春节的由来、习俗等，围绕传统节日展开的系列活动，加深学生对传统节日的了解，带领学生走进社会，为学生打开感知民族文化的窗口，激发学生的创新精神，让孩子真真切切地感受到祖国民族文化的博大精深，提高审美情趣，扩大综合知识，发展实践能力，增强民族自豪感。

三、课程内容

根据上表，对特色课程按照年级水平以及学期进行设置，构建了"香樟树课程"具体课程内容框架表如下（见表6-3）。

表6-3 合肥市香樟雅苑小学各年级香樟树课程内容表

香樟树 年级	香雅 文学馆	香雅 思维馆	香雅 艺术馆	香雅 自然馆	香雅 运动馆	香雅 社交馆
一上	香雅诗社	说唱数学	缤纷 花鼓灯	美丽香樟	玩转陀螺	说你说我
一下	香雅绘本	循规蹈矩		神奇的水	快乐跳房子	是非馆
二上	香雅诗社	美丽对称	巧手 面泥馆	香雅校园	铁环滚滚	香言雅社
二下	香雅故事屋	玩转扑克		探访合肥	花键飞舞	香雅文明行
三上	合肥记忆	数字魔方	悠悠 竖笛	蔬菜天地	乒乓天地	徽菜荟萃
三下	快乐ABC	七桥地带		植物乐园		庐州味道
四上	特色合肥	数独驿站	戏说黄梅	魅力大蜀山	香雅武馆	庐州大厨
四下	带你游家乡	数学文学馆		探秘自然		饮食天地
五上	主持启明星	数学迷云	庐剧舞台	印象天鹅湖		家乡名人馆
五下	英语口语秀	房间设计师		快乐鸟世界		快乐生日派
六上	名家人生	理财我当家	丝竹雅舍	稻米香	篮球部落	男生女生
六下	辩论大咖秀	走近数学家		花花世界		成长小记

第四节

调控学校课程实施

　　自省是为了更好的调控，课程的实施与评价体现了对课程理念的贯彻与执行，这就要求我们调控学校课程实施，致力于为学生创设更加民主的、人性化的课程学习环境，使之成为发展自我的内在需求。

一、香樟树课程要点与实践

　　学校围绕"香樟树课程"的六大枝干开展教学活动，建设香雅文学馆、香雅思维馆、香雅艺术馆、香雅自然馆、香雅运动馆、香雅社交馆。

（一）建设"香雅文学馆"

　　语言是人们进行沟通交流的重要方式，良好的语言表达能力是孩子成长过程中必须储备的素养。通过建设"香雅文学馆"，推进语言发展课程的实施（见表6-4）。

表6-4　合肥市香樟雅苑小学语言发展香樟树实施一览表

实施年级学期	微课程	学习目标	课程资源	课程活动
一上	香雅诗社	通过阅读古诗文，提高幼儿的阅读兴趣，养成良好的阅读习惯。	《古诗必背75首》《小古文100篇》	1. 学校开设古诗文课 2. 家庭亲子阅读评比
一下	香雅绘本	引导学生掌握阅读的方法，培养学生热爱阅读的习惯。	图书室绘本	1. 听绘本故事录音 2. 复述绘本故事 3. 改编绘本故事

实施年级学期	微课程	学 习 目 标	课 程 资 源	课 程 活 动
二上	香雅诗社	能以说、唱、画、写各种方式展示古诗文的魅力。	制作成展板、VCR	1. 吟诵古诗文 2. 诗配画 3. 排演古诗文
二下	香雅故事屋	积累一定量的故事，讲给别人听。	《格林童话》《安徒生童话》	1. 搜集故事 2. 举行故事会
三上	合肥记忆	会通过各种途径搜集合肥故事，并讲述。	参观博物馆	1. 走访身边老人 2. 搜集合肥的老照片
三下	快乐ABC	能说英语、读英语、唱英语，喜欢英语。	校本课程"我们的节日"	1. 说一说 2. 读一读
四上	特色合肥	能介绍合肥的特产。		1. 合肥特产照片展 2. 交流最喜欢的合肥特产
四下	带你游家乡	了解家乡的景色特点和物产特点，能做简单介绍。		1. 制作家乡一景或一物的视频 2. 给视频配文字介绍
五上	主持启明星	能结合节日活动，编写主持词并主持。	中秋节联欢活动	1. 筹备中秋节联欢活动 2. 编写主持词 3. 召开联欢会
五下	英语口语秀	能流畅地说英语故事，做简单的英语自我介绍。	英语课外书	1. 英语自我介绍 2. 英语故事会
六上	名家人生	能结合所学课文，了解并介绍名家的故事。	语文书或课外书	1. 由阅读文章了解名家 2. 寻找名家的故事
六下	辩论大咖秀	了解辩论的基本要求，并能围绕自己的观点，发表辩论。	《小小辩论家》	1. 观看大学生辩论赛的视频 2. 开展辩论赛

（二）建设"香雅思维馆"

良好的数理逻辑能力能提升学生的创造力、学习能力和分析解决问题的能力。学校通过建设"香雅思维馆"，推进数理逻辑课程的实施（见表6-5）。

表6-5　合肥市香樟雅苑小学数理逻辑香樟树实施一览表

实施年级学期	微型课程	学习目标	课程资源	活动设计
一上	说唱数学	通过学唱数学儿歌，产生对学习数学的兴趣。	《数数歌》《数学加减法口诀儿歌》	1. 学唱数数歌 2. 加减法歌
一下	循规蹈矩	发现、经历、探究图形和数字简单的排列规律，培养观察、操作、推理能力。培养发现、欣赏、创造数学美的能力和意识。	有规律的数字、图形的排列图片、课件	1. 认识规律 2. 创造规律 3. 展示规律
二上	美丽对称	寻找生活中的对称图形，感受数学中的对称美。	各种对称图形实物、照片、课件等	1. 认识各种对称图形 2. 创造对称图形 3. 对称图形作品展示会
二下	玩转扑克	提高计算能力，提高学习数学的兴趣。	扑克牌（除去J/Q/K/大小王）	1. 介绍加减乘法扑克玩法 2. 小组玩转扑克牌 3. 玩转扑克挑战赛
三上	数字魔方	调动眼、脑、手、口、耳多种感官的协调活动，培养快捷的心算能力和反应能力。	魔方	1. 认识魔方的构造 2. 介绍魔方的玩法
三下	七桥地带	了解"一笔画"问题，建立数学模型，扩大知识视野，激发学习兴趣。	七桥问题故事、一笔画有关课件	1. 介绍七桥问题 2. 学习一笔画
四上	数独驿站	进一步培养推理能力，感受数学的无穷魅力。	关于数独的发展历史、数独智力运动会资料、稍复杂的数独游戏题	1. 了解数独游戏的发展历史 2. 玩数独游戏 3. 数独挑战赛
四下	数学文学馆	了解数学诗歌的趣味性，学习创作数学诗歌。	各类数学趣味诗歌	1. 收集数学趣味诗歌 2. 汇编成册 3. 模仿创作数学趣味诗歌 4. 展示交流
五上	数学迷云	收集相关数学谜语，感受数学谜语的趣味性，会猜20个数学谜语，认识各种数学术语。	相关数学谜语	1. 收集数学谜语 2. 猜谜比赛

（续表）

实施年级学期	微型课程	学 习 目 标	课 程 资 源	活 动 设 计
五下	房间设计师	应用图形的面积和计算等方面的知识，解决实际问题，增强在生活中应用数学的意识，培养实地调查问题、解决问题的能力。		1. 创设情境，出示新房间设计图，提出要对墙壁进行粉刷和对地面进行密铺 2. 探索交流粉刷墙壁要考虑的各种因素和如何密铺地面 3. 实地参观房子的装修情况 4. 自己房间的设计并展示
六上	理财我当家	知道合理计划和支配金钱的重要性，掌握资料搜集、整理、调查等具体的实践方法，养成良好的崇尚节约、合理消费的习惯。	银行年利率、各种理财产品、理财方法等	1. 了解勤俭节约的例子 2. 为自己设计理财方案 3. 交流展示
六下	走进数学家	知道数学家苏步青生平，收集苏步青的相关故事，感悟作家创作的生活背景的影响。	苏步青的故事、合肥数学家的相关资料	1. 了解苏步青 2. 搜集合肥数学家人物故事 3. 制作合肥数学家手抄报并展示

（三）建设"香雅艺术馆"

艺术修养类课程能够帮助提高审美能力，陶冶情操，开拓思路，符合素质教育的课程目标。通过建设"香雅艺术馆"，推进艺术修养课程的实施（见表6-6）。

表6-6　合肥市香樟雅苑小学音乐韵律香樟树实施一览表

实施年级	微型课程	学 习 目 标	课程资源	活 动 设 计
一、二年级	缤纷花鼓灯	了解安徽地方舞蹈，感受不同地域舞蹈风格，能体验地方音乐与舞蹈特点与特色。	花鼓灯传人授课	1. 看一看花鼓灯的表演视频 2. 学习花鼓灯表演
	巧手面泥馆	培养学生的动手能力，创造能力。	手工课	1. 欣赏面泥作品 2. 动手制作

实施年级	微型课程	学 习 目 标	课程资源	活 动 设 计
三年级	悠悠竖笛	了解竖笛，学吹竖笛。	竖笛教学方法丛书	1. 欣赏竖笛音乐 2. 吹奏竖笛
四年级	戏说黄梅	了解黄梅戏旋律，理解经典戏曲表达的内容。	黄梅戏CD	1. 听一听黄梅戏 2. 哼一哼、唱一唱黄梅戏
五年级	庐剧舞台	了解庐剧的起源、发展现状，体会民间艺术魅力。	教学视频	1. 查阅资料 2. 听庐剧 3. 组织讨论
六年级	丝竹雅舍	了解葫芦丝的吹奏方法。	教学视频	1. 学吹葫芦丝 2. 举行葫芦丝表演活动

（四）建设"香雅自然馆"

探索自然能够帮助孩子更好地认识世界，认识知识与生活的联系，保持对科学探索的兴趣。通过建设"香雅自然馆"，推进自然探索课程的实施（见表6-7）。

表6-7　合肥市香樟雅苑小学自然探索香樟树实施一览表

实施年级学期	微型课程	学 习 目 标	课程资源	活 动 设 计
一上	美丽香樟	认识香樟树，了解香樟树的精神。	学校的香樟树	1. 观看图片 2. 组织讨论 3. 调查香樟树的作用
一下	神奇的水	学会关注身边事情，了解水。	生活的水	观看视频，做水的实验
二上	香雅校园	描述家庭与学校附近的环境。了解家庭及学校附近环境的变迁。	学校平面图	1. 听一听学校的历史、沿革、发展 2. 看一看学校平面图，画一画自己心中的学校图 3. 听一听知名校友的故事
二下	探访合肥	了解学校附近环境的变迁。喜欢探讨，感受发现的乐趣。	合肥资料	走走周边道路，听听机构之变迁
三上	蔬菜天地	认识校园里的蔬菜。了解饭桌上的学问。居住城镇的古迹或考古发掘，并欣赏地方民俗之美。列举某一地方或区域因环境变化引发的环境问题，并试着提出可能的解决方案。	校园里的蔬菜	1. 看一看校园的蔬菜 2. 查一查蔬菜的作用

（续表）

实施年级学期	微型课程	学 习 目 标	课程资源	活 动 设 计
三下	植物乐园	亲近自然，关心环境。	校园的小花园	1. 看一看，认一认植物 2. 查查资料，了解植物的生长特点
四上	魅力大蜀山	了解大蜀山的风景。	大蜀山	1. 走一走大蜀山，看一看风景 2. 观察大蜀山的植物
四下	探秘自然	认识蜀山森林公园，了解它的容貌和发展。	蜀山森林公园	1. 走一走蜀山森林公园 2. 寻访蜀山森林公园的发展
五上	印象天鹅湖	欣赏天鹅湖的美，了解天鹅湖的来历。	天鹅湖	1. 走一走天鹅湖 2. 听一听天鹅湖管理员的介绍
五下	快乐鸟世界	认识生活中常见的几种鸟，懂得保护鸟儿。	鹅池	1. 实地考察植物园的鸟儿 2. 观察鸟的标本
六上	稻米香	察觉植物会成长，察觉不同植物各具特征，以及种植简单的植物。	小菜园	1. 调查植物的生长情况 2. 学着种植
六下	花花世界	了解养花的方法和乐趣。		1. 欣赏盆花 2. 学着养花

（五）建设"香雅运动馆"

坚持体育运动，有助于学习拥有健康的体魄，养成良好的生活习惯。通过建设"香雅运动馆"，推进运动健康课程的实施（见表6-8）。

表6-8　合肥市香樟雅苑小学运动健康香樟树实施一览表

实施年级学期	微型课程	学 习 目 标	课程资源	活 动 设 计
一上	玩转陀螺	体验陀螺游戏带来的快乐。	陀螺	1. 举行转陀螺比赛 2. 制作一个陀螺
一下	快乐跳房子	能制定游戏规则，积极参与体育游戏活动。	操场	1. 设计跳房子游戏 2. 举行跳房子比赛
二上	铁环滚滚	掌握滚铁环动作要领，提高身体动作协调性，体会民间传统体育带来的乐趣。	铁环	1. 掌握滚铁环技巧 2. 举行滚铁环比赛

实施年级学期	微型课程	学 习 目 标	课程资源	活 动 设 计
二下	花毽飞舞	学会制作毽子，掌握毽子的踢法，训练身体动作协调性。	毽子的制作方法课件	1. 制作毽子 2. 掌握踢毽子方法 3. 踢毽子比赛
三上	乒乓天地（一）	了解乒乓球是中国的国球，学习乒乓球基本动作要领。	乒乓球	1. 掌握乒乓球的特点 2. 掌握握法，会发球
三下	乒乓天地（二）	形成一定的乒乓球技战术水平，增强参与体育锻炼的兴趣。	乒乓球	1. 会简单地对打 2. 会发旋球
四上	香雅武馆（一）	了解武术，初步学会武术的几个招式，感悟武术魅力。	武术	认识武术，学做基本招式
四下	香雅武馆（二）	熟练武术的几个招式、懂得运气。	武术	武术基本招式评比
五上	香雅武馆（三）	学做武术操，感悟武术的魅力，强健体魄。	武术	武术操练习
五下	香雅武馆（四）	了解剑舞，感悟武术操的魅力。	武术	观看剑舞，学习剑舞的基本招式
六上	篮球部落（一）	认识篮球，了解篮球比赛规则，增加对篮球运动的喜爱。	篮球场	1. 篮球的发展历史 2. 认识篮球规则 3. 参加篮球训练
六下	篮球部落（二）	积极参与篮球训练，掌握基本篮球技巧。	篮球场	参加篮球训练

（六）建设"香雅社交馆"

社会交往是成长过程中必须学会的生存手段。交往不仅仅是获取信息，也是情感和心理上的交流和沟通。通过建设"香雅社交馆"，推进社会交往课程的实施（见表6-9）。

表6-9 合肥市香樟雅苑小学社会交往香樟树实施一览表

实施年级学期	微型课程	学 习 目 标	课程资源	活 动 设 计
一上	说你说我	认识自己，是认识这个世界的开始，进而认识更多的人和事，打开认知世界的大门。	绘本、课件、儿童哲学书籍	1.组织讨论：我是动物吗？我能自己选择我是谁吗？我和别人一样吗？长大，我高兴吗？我能给爸爸和妈妈做点什么呢？ 2.阅读绘本 3.交流体会
	快乐交友	学会主动与老师同学打招呼，会用礼貌用语。	主题活动、《礼仪三字经》	1.入学礼仪式 2.组建家长委员会，加强学校、教师、家长的沟通
一下	是非馆	学会分辨"是非善恶"，指导好中有坏、坏中也有好，鼓励自己勇敢地走进这个好好坏坏的斑斓世界。	绘本、课件、儿童哲学类书籍	1.组织讨论：我可以偷东西吃吗？我应该实话实说吗？我必须听爸爸妈妈的话吗？我应该总是帮助别人吗？ 2.阅读绘本 3.交流体会
	习惯养成屋	帮助学生形成良好的学习习惯和生活习惯。	诗歌童谣、主题活动	1.眼保操比赛 2.广播操比赛 3.写字活动 4.收拾书包比赛
二上	香雅语言	了解文明语言，运用文明语言，感受语言的魅力。	文明照片	1.观察文明图片 2.情境表演
	规矩我遵守	提高遵守学校的规章制度的意识；逐步培养学生的集体荣誉感。	《中小学生行为规范》、主题活动、班队会课程	1.学习《中小学生行为规范》 2.落实常规教育的检查督促工作，促进学生良好习惯的养成
二下	香雅行为	了解文明行为，懂得文明礼仪的重要性。	文明照片	观看文明照片，情境表演
	学会独立	通过对自理、自立的引导，让学生建立独立意识，提高独立能力，为后续学习生活奠定基础。	主题活动、班队会课程	1.穿衣服比赛 2.开展学习身边的榜样等活动

实施年级学期	微型课程	学 习 目 标	课程资源	活 动 设 计
三上	徽菜荟萃	了解安徽著名小吃，感受家乡独特风味。	网络、图片、实物	1. 调查安徽小吃 2. 制作安徽小吃手抄报
	爱国爱家	爱国爱家，通过开展爱国主义教育，让学生从多个方面领悟爱国的意义和重要性，弘扬和培育民族精神，并用自己的实际行动来践行爱国精神。	主题活动、班队会课程、国旗下讲话	1. 开展唱国歌、系红领巾等比赛 2. 开展英雄人物事迹教育活动 3. 围绕传统节日开展各种活动 4. 组织少先队建队日系列活动，让队员在活动中接受爱国主义教育
三下	庐州味道	品尝合肥小吃，体会劳动人民的智慧。	合肥小吃	1. 吃一吃合肥小吃 2. 夸一夸合肥小吃 3. 写一写合肥小吃
	学会文明	深刻体会文明礼仪教育的重要性；从身边小事做起，争做文明学生，争创文明校园。	主题活动、红领巾广播站	争做"文明学生"主题教育活动
四上	庐州大厨	初步学会制作一两种合肥小吃，提高动手参与制作食品的兴趣。	制作小吃的材料	1. 做一做合肥小吃 2. 尝一尝自做的小吃
	树立良好班风	学会同学之间相互尊重、理解、信任、团结协作。	黑板报、主题活动	在班级设立各类小岗位，引导学生树立民主竞争的意识，增强集体荣誉感和班级责任感
四下	饮食天地	了解合肥的饮食文化特点，会制作一样菜。	合肥美食资料	1. 搜一搜合肥饮食文化特点 2. 制作一样菜
	养成教育	制定年级、班级管理制度，树立良好的班风、学风，爱惜班集体的荣誉。围绕"养成教育"开展教育实践活动。	主题教育、课程资料、格言警句	1. 加强常规教育的检查督促评比 2. 指导队员参加社团活动，参与创建宣传阵地 3. 组织"文化艺术节"、庆"六一"活动 4. 实践活动

实施年级学期	微型课程	学 习 目 标	课程资源	活 动 设 计
五上	家乡名人馆	了解家乡的名人，培养热爱家乡的情感。	资料	1. 搜集资料 2. 制作合肥名人手抄报
	培养良好的意志品质	激励学习的主观能动性，培养坚韧、顽强的意志品质，开展不怕苦教育。	主题活动	1. 组织开展"磨练意志"活动 2. 夏令营
五下	快乐生日派	会策划设计生日Party，体会一个聚会的组织和实施过程，并作为主客双方参与聚会。	优秀的生日Party策划方案	1. 说一说以往生日怎么过 2. 想一想今年生日怎么过 3. 订一订生日Party方案 4. 参加集体生日Party
	社会公德意识教育	理解建立良好的社会公德的意义和重要性，帮助学生纠正自身的缺点，树立正确的道德观和人生观。	主题活动、《守则》和《规范》读本	1. 通过学习《守则》和《规范》，进行公德意识教育 2. 结合评优活动，开展"美德少年"活动，对学生进行自觉遵守行为规范的教育
六上	男孩女孩	了解青春期的一些知识，树立健康的异性交往观念。	《男孩女孩》录像	1. 观看录像 2. 组织交流讨论 3. 撰写体会 4. 知识竞赛
	道德品质教育	教会学生如何明辨是非，增强学生自信、自律，在日常生活和学习中做到言行一致、表里如一。	主题活动、班队会课程	1. 召开主题班会"我长大了"，进行自理、自立、自律教育 2. 结合"难忘童年时光"主题活动，进行集体主义教育 3. 研学旅行
六下	成长小记	通过制作成长档案，体验生命的变化，珍惜当下生活。	学生的日记、作文、照片等	1. 制作成长档案 2. 猜猜他是谁 3. 举行成长档案展览
	责任感教育	培养学生守规矩、爱学习、懂感恩的良好行为习惯，养成做事认真负责的态度。	主题活动、毕业纪念册	结合毕业、升学教育开展丰富多彩的大、中队教育活动

二、"香樟树课程"的评价标准

课程评价是课程评判学生学习效果与价值的指向标，旨在完善课程设置、激励学生学习和改进教师教学。从师生的发展出发，建立评价目标多元化和评价方法多样化的发展性课程评价体系是学校课程建设中的重要环节。

（一）基础类课程的评价

课堂教学是学校教育的主体部分，担负着传授知识、培养能力、塑造品性、发展特长等重要任务，集中体现学校教育的基本特征。课堂教学质量评价是提升学校教育质量的重要抓手。构建科学、合理的课堂教学评价体系，有助于提高课堂教学的质量与效率，也是课堂教学评价的宗旨。

根据"重基础、重能力、求创新、求发展"的教育教学原则，以使学生达到"本真、善良、智慧、儒雅"为育人目标，这就需要在教学目标设计、教学活动组织、课程资源选择、现代教育技术运用等方面，做到有利于每一名学生的发展。

1. 教学目标

需要在"传授基础知识、训练基本技能、培养认知能力、渗透思想品德教育"等方面的前提下，贯彻素质教育的教育理念，注重学生健全人格的形成和发展，培养其积极向上的人生态度、法律观念和正确的价值取向，以及认识社会、适应社会的能力，进而达到育人为本，全面发展的目的。

2. 教学内容

强调以下几个原则。一是基础性，建议传授基础知识、训练基本技能、学会基本方法。教学应面向全体学生，促进学生全面发展。二是活动性，要求理论与实践相结合，注重学生实践活动能力的培养。三是民主性，教师热爱学生，学生尊重教师，教学相长。在课堂教学中，教师与学生，学生与学生享有平等的地位，教师应做到充分尊重学生的人格，悦纳学生这样或那样的错误，鼓励学生在与教师、同学的平等交往中不断展示自己的潜能，提供同样参与教学活动的机会给每名学生，平等对待心理特征和认知能力等方面存在差异的学生。四是层次性，课堂教学应保证层次性：由简到繁，由浅入深；既有统一要求，又有适应不同层次学生发展需要的要求，坚持分类推进，类类提高。五是技能性和专业性，素质教育课堂除具备上述主要特征外，还要求教师应有良好的师德素养和良好的专业水平，并在课堂教学中显示出教学的艺术。

3. 评价方式

一是根据上述评价标准，逐项评出等次。其中，较好地体现评价内容要求的评为"良好"，基本能体现的评为"较好"，较差或未能达到者评为"一般"。二是建立个人自评为主，教研组教师、有关行政领导、学生评价为辅的评价机制。（1）个人自评：由被评价个人基于评价标准逐项确定等次，并在充分尊重学生的意见后完成"自我总体评价及改进教学设想"。（2）教研组评价：由教研组给予逐项评价，并写出"教研组总体评价及改进教学建议"。（3）评课教师与执教教师进行交流时，应充分尊重执教教师本人意见，允许执教教师保留自己的意见。（4）评价表需由教研组长签字，并收交校教务处汇总、分析。

鉴于学生的认知水平和感受能力存在一定的差异，在征询学生评价时，相关教师应注意学生参与的广泛性、评价课时的代表性和感受表达的直觉性。学生评议调查要选择一定数量的学生和一定时段的课时（一般不选择某一特定课时）。《课堂教学学生评议表》涵盖问卷调查的一般内容，在具体实施过程中，可根据不同学科不同年级教学的具体情况进行增删处理。

（二）拓展类课程的评价

1. 评价原则

（1）科学性原则。采用科学合理的评价指标与标准对课程展开评价，提高评价结果的可信度与有效性。（2）可操作性原则。即评价方法简单，可操作性强，且具有较强的适用度。（3）素质培养原则。以提高学生的综合素质，培养创新精神和创新能力为评价的出发点和归宿。（4）参与性原则。对学生的评价要注重学生课堂的参与情况，作为学生考核的重要依据。（5）全面性原则。评价要全面客观，包括教师课程目标的实施情况、学生能力的提高情况以及教材编写质量等多方面。

2. 评价方法

对教师开发的课程方案的评价（见表6-10）。教师的课程方案主要包括教材、课程方案、课程纲要、课程教学计划、课程教学设计等方面。

表6-10　合肥市香樟雅苑小学课程方案评价表

评价项目	评 价 要 求	分数	得分
课程开发的目的意义	与国家、地方课程的联系密切		
	对学生各方面素质提高的意义		
	课程宗旨的体现		
	对学生技能培养和创新意识培养的意义		
课程目标的确立	目标明确、清晰		
	知识目标、能力目标和情感目标		
	考虑到学力分层的现实因素，贯彻因材施教的教学原则		
课程内容	内容层次分明，重点突出、组织合理，教材框架清晰		
	内容科学、启发性强、突出能力		
	内容反映新观点、新教学思想、新科技		
课程评价	评价方法科学、可操作性强、具有制约作用和激励性		

（三）对学生的学习评价

1. 基础性发展目标

（1）道德品质方面。应该做到爱祖国、爱人民、爱劳动、爱科学、爱社会主义；能够遵纪守法、诚实守信、维护公德、关心集体、保护环境。（2）公民素养方面。应该做到自信、自强、自尊、自律、勤奋；能够对个人的行为负责、对社会有责任感、热衷参加公益活动。（3）学习能力方面。能够做到学习兴趣浓厚，主观能动性强，善于运用科学的学习方法来提高学习水平；有一定的学习研究创新能力，能够将所学知识及已有的经验和技能，运用到独立分析并解决问题中去；具有对自己的学习过程和学习结果反思的良好习惯。（4）交流与合作能力方面。能够与他人一起确立目标并努力去实现目标，尊重理解他人，能够评价和约束自己的行为，能够综合使用各种交流和沟通的方式进行合作。（5）运动与健康方面。能做到热爱体育运动，养成体育锻炼的习惯，拥有一定的运动技能、强健的体魄及健康的生活方式。（6）审美与表现方面。拥有健康的审美情趣，能够感受鉴赏生活之美、自然之美、艺术之美和科学之美；能积极参与各类文化艺术活动，会进行艺术表现。

2. 学科学习目标

参照学科课程标准的学科学习目标、各学段的学习目标、学生每学期应达到的目标及教学评价建议。

第一，教学评价需贯穿到教学活动的各个主要环节，教师要关注学生的学习过程，引导学生在平时下功夫。第二，应建立学生成长记录，收集反映学生学习的动态过程、分析学生学习效果。第三，课程考核方式可以采取考试、考查等方式，按学科特点与学科课程标准要求，采取笔试、口试、实验、实际操作等多种方式进行。第四，要科学合理进行考查学科的成绩评定，可以采用及时评定或延时评定的方法。延时评定即延时给分，学生在考查之后重考，以最高成绩进行记录。第五，开展阶段性评价，每学期期末和每学年结束时要对每个学生的学业状况、教师评语进行阶段性评价与总结。第六，在拓展性课程中，根据学生学习该课程的学时总量、学习过程中的表现、学习的客观效果等方面采取学分制，对学生学习情况进行评价。学分的给定要考虑三方面的因素。

对学生需采用激励性评价方式为主，过程性评价与结果评价相结合的评价标准与体系，要以促进学生实现自身价值为最终目标，充分尊重和体现学生个体发展，注重学生个体发展，同时注重学生主体在教学活动与实践活动过程中所表现出来的积极性、协作性以及操作能力和创新意识。

三、建设"香樟树学科"，全面丰富学校课程

（一）"香樟树学科"的建设路径

为了更深入建设"香樟树学科"，全面丰富学校课程，学校根据各学科设置了以下课程群："香雅语文"小部落、"香雅数学"趣味馆、"香雅英语"小天地、"香雅体育"运动馆、"香雅美术"绘画屋、"香雅音乐"文艺团、"香雅科技"实践群。

（1）"香雅语文"小部落，所开设课程：经典诵读、硬笔书法、课本剧、香雅诗社。

（2）"香雅数学"趣味馆，所开设课程：数学魔方、珠心算、趣味数学、数学思维。

（3）"香雅英语"小天地，所开设课程：快乐英语、英语绘本、英语口才秀。

（4）"香雅体育"运动馆，所开设课程：啦啦操、橄榄球、乒乓球、跳

绳、篮球。

（5）"香雅美术"绘画屋，所开设课程：科幻画、手账、脸谱艺术、童心童画。

（6）"香雅音乐"文艺团，所开设课程：大合唱、黄梅戏、舞蹈、口风琴。

（7）"香雅科技"实践群，所开设课程：乐高积木、科学小实验、机器人。

（二）"香樟树学科"的评价要求

从学生全面发展的角度出发，推进素质教育，侧重过程评价，重视良好行为的养成以及丰富各学科课内外知识，评价指标包括以下六项。

1. 思想品德水平

（1）热爱集体：能够主动做到关心集体、积极参加各项集体活动，经常为集体做好事。团结友爱，关心同学，帮助同学。（2）勤奋学习：学习态度认真、端正、主动，能做到积极思考、大胆发言，敢于提问。认真完成教师布置的各项作业。（3）遵守纪律：遵守《小学生守则》和学校各项规章制度，遵守社会公共秩序。（4）文明礼貌：符合《小学生日常行为规范》中的相关要求。

2. 知识能力水平

（1）知识技能：学生在掌握基础知识、基本技能的基础上，达到教学目标的相关要求。（2）基本能力。① 认知能力：学生在掌握知识的过程中，发展其观察能力、记忆能力、想象能力和思维创新能力。② 自学能力：学生能够初步掌握学习方法，养成良好的学习习惯。③ 创造意识：在学习活动中，学生能够独立思考并发表意见，提出个人的思想方法和独特的见解。

3. 体质健康水平

（1）形态和机能：身体相关指标能够达到健康指标要求，如体重、胸围、身高、肺活量指数（肺活量/体重）等。（2）素质：耐力、灵敏度、速度、柔韧性等素质强。（3）健康：有抵抗疾病的身体素质。（4）体育知识、技能和习惯：符合体育课教学项目要求，学会并养成个人良好的体育锻炼习惯。（5）卫生习惯：讲究个人卫生，保持环境卫生，注意用眼卫生。

4. 审美意识水平

（1）审美知识和技能：掌握有关审美的知识和表现美的技能，如音乐、语文、体育、手工制作和美术等学科，在日常生活中做到行为美、语言美和仪表美。（2）审美能力：学生有初步感受、鉴赏自然美和艺术美的能力和分辨事物美丑的能力。

5. 科学、信息与劳动技能水平

（1）劳动态度：能够热爱劳动，参与力所能及的劳动，能够尊重人民的劳动成果，做到勤俭节约、爱护公共设施和公共财物。（2）劳动习惯和技能：尝试自己的事情自己做，从事力所能及的家务劳动。参加学校内外的公益劳动。

6. 个性发展

（1）兴趣爱好：对各学科、课外实践活动和课外阅读有浓厚的兴趣，且有广泛的爱好。（2）意志性格：自我控制能力强，有积极进取的态度和克服困难的精神，乐于发展自身个性特长。

四、创设"香樟树课程节"，浓厚学校课程实施氛围

（一）"香樟树课程节"的主要类型

校园节庆：种植节、科技节、阅读节、艺术节等。

（二）"香樟树课程节"的评价要求

在主题课程节的学习过程中，课程指导教师要尝试多种评估方式进行评价，如嵌入式评价、分享式评价、团队式评价、展示式评价等，学生参与主题课程节活动过程，要从学习态度、合作精神、探究精神与学习能力、收获与反思方面进行适切的、科学的、全面的评价。

1. 嵌入式评价

在学科节活动中，不同学科的教师能够寻找不同学科教学内容的融合点，并加以整合，在实际的教学过程中，灵活运用不同的方式对学生进行即时评价。

2. 分享式评价

学习内容和学习结果的分享，教师可以使用学习任务单的方式进行无痕分享，开展学生交流讨论活动，并填写评价表。

3. 团队式评价

基于课程实施的地域性质，大部分的学习活动都需要学生进行实地调查、走访、拍照、取样、制作等活动。这就需要小组成员之间相互合作、充分发挥小组团队作用，关联班级"小组争星"星级评估制度，实现评估由鼓励个人竞争转向团队合作达标的重心转移。

4. 展示式评价

学生就如多棱宝石一般，从不同角度观之都能发出绚烂的光芒。因此，教师要善于发现、挖掘并引导其优势，为学生搭建自我展示的平台，使其获得成功的体验，培养自信心，激励其不断进步。丰富多彩的香樟树课程，集合学校传统节日庆典，进行展示性评价。

在评价形式上，我们根据不同年龄阶段学生的特征采取有差别的评价方式。如，低年级采用"形象类评价"——"红花""大拇指""笑脸"等，中年级多采取"语言性评价"，高年级主要采用"等级评价"。对于难以量化的学习结果，我们采用多种方式进行评价，如实物制作、作品展示、项目设计、现场表演、对话交流等。

五、走进"香樟社区"，全面推进社会实践课程

（一）"香樟社区"的课程设计

社会实践：研学游、工业游、夏令营、雏鹰假日小队等。

（二）"香樟社区"的课程评价

学校通过举行研学游、工业游等各种不同社会实践活动，带学生走进社会、走进大自然，主要评价学生参与社区活动的积极性、学生在活动过程中的感知体验及组织策划能力、活动对学生们的激励程度等。

1. 基本要求

（1）评价要有侧重。活动中，学生是否能积极主动参与、亲历活动与实践，能否形成积极的体验，获得真实感受并增强自身社会责任感是社区实践活动的核心内容，而不在于学生掌握了多少具体知识。（2）评价要贯穿活动的全过程。本过程注重过程性评估，但不排除使用终结性评估，活动成果可以作为最终评估的辅助参考依据，但主要依据来自于学生活动过程中的策划、组织、参与、表现、体验、感悟的情况。（3）重视学生参与评价过程。本课

程引导学生对自身和其他同学的活动经历积极地做出评估，学生逐步学会客观地评价自己和别人，使评估过程成为有利于学生学习、体验和发展的过程。（4）注重评价的激励功能。通过评估，鼓励学生积极进取主动实践，引导学生对活动进行反思。

2. 评价方式

（1）自我评价和他人评价相结合，主要包括自我阐述、自我评定以及同伴评说和同伴推荐等。（2）日常研究和成果展示相结合。可通过观察记录、调查报告、成果展示等方式进行。（3）教师评价和家长、社区人员评价结合。具体做法有评语、活动记录、档案袋、他人推荐与评说等。

六、建设"香雅社团"，发展学生兴趣爱好

（一）"香雅社团"的主要类型

学校社团：黄梅戏、合唱、舞蹈、美食每课、篮球、橄榄球。

（二）"香雅社团"的评价要求

学校可根据评价内容、教师评价办法以及学生评价办法灵活组织社团评价，主要对学生在社团内参与态度、合作精神及学习成果等方面的综合评价以及对教师教学过程及目标达成情况的评价。

1. 评价内容

（1）社团指导教师评价主要依据德、能、勤、绩等方面进行评估，需提供社团课程实施纲要、社团备课笔记、期末学生评价表、考勤记录表。（2）学生评价主要从学生的学习态度与学习效果等方面进行评估，采用汇报表演、活动评比、学科竞赛、实践操作以及作品鉴定等方式开展。

2. 教师评价方式

社团课程实施纲要、社团活动教材、考勤记录、备课记录、期末学生评价表、课程日常检查记录表、期末展示进行综合评估。

3. 学生评价方式

（1）活动结束后，教师根据学生的学习态度和学习效果等进行评估，结果可划分为"A、B、C、D"四个等级，作为期末考评依据。（2）期末，对学生学习状况进行考查，考查方式不采取书面考试，但要做好相关记录。通过将学生自评、家长评价与教师评价相结合的形式，对学生的参与态度、学

习效果等进行综合评价。评价要侧重激励，相比于学习结果，更注重学习过程，尊重学生的个性差异，以促其专长、优点得以充分发展。（3）学生成果的展示形式包含实践操作、作品鉴定、竞赛、评比、汇报演出等方式，特别优秀的成果可推荐参加县、市、省、国家级评比。

总之，课程是学习的经历、轨迹，课程自省是对这一学习经历、轨迹的评价、调控，是课程实践必不可少的一环，是指引、统领课程改革、课程开发、课程实施和课程评价等活动的重要步骤，其目的是及时发现课程中存在的问题并进行相应的调整，以便更好地调控课程方向，最终提升课程的整体品质。

（撰稿者：刘永生　何峰　宣礼根　王颖　孙红）

第七章

课程自立是一个人能认识到课程变革是自己的事，有自己的立场、自己的创见，自持自守，不为外力所动，不随波逐流。其本质上是在课程自知、课程自在、课程自为以及课程自省的作用之下，依靠自己的自觉和力量对课程实践有所贡献，并在此过程中逐渐提升自己的课程能力和专业成熟度，基于行动确证自己的"课程人"地位。

持守的课程自立

《礼记·儒行》提到："力行以待取，其自立有如此者。"行动之于自立而言至关重要，因为人在行动时，才能发现自己的无限潜能。课程品质的提升同样需要这种行动，需要这种自立，且这种自立是持守的。

课程自立需要怎样的行动呢？德国著名的"鱼牛"童话、建构主义的经典例子告诉我们：学习是学生主动建构知识的意义。学校之育、教师之教不正是这样一个过程吗？外在的教育督促是一个方面，自觉地行动则更为重要。这一行动同样需要结合自己的经验背景，对外部信息进行主动地选择、加工和处理，对所接受到的信息进行解释，生成个人的意义或者说是自己的理解，进而实现自己的"教"和"育"，这也是最为基本的课程自立。

课程自立正是这样一个过程，是一个人能认识到课程变革是自己的事，要有自己的立场、自己的创见，自持自守，不为外力所动，不随波逐流，进而"回到粗糙的地面"（维特根斯坦语），自觉地参与到课程变革中来。课程自立本质上是在课程自知、课程自在、课程自为以及课程自省的作用之下，依靠自己的自觉和力量对课程实践有所贡献，并在此过程中逐渐提升自己的课程能力和专业成熟度，基于行动确证自己的"课程人"地位。[①]

课程改革之结局最终掌握在教师手中，有课程管理者对课程实施加以指导，但是课程的直接理解者与参与者还是在于教师。因此，必须充分考虑教师在此过程中是否逐渐提升自己的课程能力和专业成熟度，基于行动确证自己的"课程人"地位。教师是实施课程改革的重要变量，在课程实施环节中处于改革的核心位置。

合肥市小庙中心学校基于"怀仁爱之心，行明礼之道，育厚德之人"的办学理念，清晰地认识到课程变革是自己的事，强调顺应儿童的天性，而非一味地求同，去培养一大批符合所谓"理想模式"的受教育者。

同时，学校还坚信课程的实施主体是教师，教师对课程的认同是课程实施的起点。密切关注教师的成长，通过校本研修等方式在全校范围内普及课程理念，形成共识。真正关注着教师作为"课程人"的地位。

（撰稿者：甘香瑞）

[①] 杨四耕.自主性变革：走向课程自觉的美好境界［J］.中国教育学刊，2020（05）：66-70.

合肥小庙中心学校成立于1950年，占地面积14 000平方米，总建筑面积5 600平方米。共有36个班级，1 558名学生，102名在职教师。近年来，学校坚持"关爱他人、践行礼道、育人为本"的理念，以学校课程实施为载体，抽象传承中国优秀传统文化，致敬博士，正气深远，不断提高教育和学校质量。

　　学校先后获得"全国青少年校园足球特色学校""安徽省著名家庭教育学校""安徽省未成年人思想道德建设示范学校""安徽省卫生工作先进单位""合肥市绿色学校""合肥市平安校园""合肥市依法治校示范学校""合肥市德育工作先进集体""合肥市先进基层党组织""合肥市特色学校""合肥市语言文字规范化示范学校"、首批"合肥市素质教育示范校""合肥市德育工作先进集体""合肥市文明校园"等荣誉称号。

第一节

学礼以立的课程哲学

学校根据"以德育人"这一根本目标，立足于"用什么样的策略去教育学生"这一根本问题的思考，以改进学校课程实施为抓手，进一步探索新的教学路径和育人新途径，不断丰富学校发展内涵，不断推进探索。

一、学校教育哲学

学校的教育理念是"明礼教育"，"明"是理解，"礼"是礼仪。学礼仪细而清，德则坚，所以能立。恭敬有礼是立身之本。所以，如果不好好学习，在这个社会是很难生存的。所以，我们引导学生从个人文明礼仪出发，循序渐进，实现个人及社会道德修养水平的整体提升。

明礼教育是求知的教育。为了达到个人修养的完美，读书学习，提高自己的认知水平是最有效的途径；当认知能力达到一定程度，就有了辨别是非和善恶的能力；这种能力可以规范和促进自己的言行达到道德标准，提高自身修养。

明礼教育是育人的教育。承礼启仁是儒家的核心思想。围绕以德育人这一根本任务，我们以学校课程的实施为载体，抽象传承中华优秀传统文化，博文约礼，承礼启仁，以实现"人立后而凡事举"。

二、学校课程理念

学校确立了"博文约礼，守正致远"的课程理念。目的是通过用新的思想理念来引领学校更好地去培养学生，我们认为：

课程是知识的缩影。在社会发展中，文明礼仪是中国社会的道德规范和行为准则，对提高中华民族的精神素质起着重要作用；同时，随着社会的发展，仪式不断被赋予新的内容，这些内容也在不断变化和调整。随着中国的一步一步发展，"礼"的无与伦比的魅力将再次闪耀，使中华民族在世界的眼中成为一个文明开放的民族，中国当然是一个文明开放的国家。可以说，中国的形象会因为"礼"而更加鲜明、新鲜。

　　课程是全面的成长。儒家思想指出：礼是外在的道德行为，仁是内在的道德意识，礼是仁的外在表现，仁是礼的内在精神。礼是理性的外在，仁是人的内在，人需要遵循天理才能做到仁。这里的礼是由内而外的，因为要做到仁，要遵循原则。

　　课程是价值的实现。目的是教育学生形成良好的道德认知和道德意识，在社会上起到引导和传播的作用；学问的形成，是由历代学者积攒而成的。我们倡导继承前人的成果，学习前人的思想，养成严谨的学风，对自己要求严格，养成勇于实践、善于实践、勤于实践的作风。

第二节

自立自强的课程目标

课程自力更生是指一个人能够认识到课程改革是自己的事，有自己的立场和想法，能维持不受外界影响。

一、教育目标

学校以明礼教育理念和学校课程理念为基础，将培养目标定为培养德才兼备的人。

有博学之识。具备阅读、写作、表达和计算的基本知识和技能，了解一些生活中的小常识，具备观察、思考、操作和学习的基本能力，养成良好的学习习惯。

有仁爱之心。要有爱心，愿意帮助别人。拥有关心别人、关心集体、负责任等良好品质。

有得体之行。培养文明礼貌，能够约束自己的行为习惯，具备自己管理自己和明辨是非的能力。

有强健之身。注重开拓进取，养成运动及注意卫生的习惯，才能拥有健康的身体。

有雅趣之性。注重奉献、公益、群体、谦逊，对美的兴趣广泛、健康。

二、课程目标

围绕"以德育人"，学校将课程目标细化如下（见表7-1）。

表7-1　合肥市小庙中心学校阶段性课程目标

目标 ＼ 学段	低 年 级	中 年 级	高 年 级
博学之识	初步感受读书的乐趣，能够自主阅读绘本类图书。初步涉猎经典读物，能够诵读《大学》中部分篇目。熟读《三字经》《弟子规》等。熟背唐诗宋词30首，初步学会创作童谣。	初步养成良好的自主阅读习惯。能够自主阅读推荐的读物，能够诵读《论语》《孟子》中部分篇目。熟背《三字经》《弟子规》等。熟背唐诗宋词60首，初步学会创作儿童诗。	养成良好的自主阅读习惯。能够自主阅读推荐的读物，能够诵读《诗经》中部分篇目，熟背《论语》《孟子》中部分篇目。熟背唐诗宋词100首，初步学会创作现代诗。
仁爱之心	初步学会使用基本的礼貌用语。如：请、谢谢、对不起。会用文明用语主动问好等。初步知晓待人接物的基本礼仪，体验明礼仪带来的快乐。	知晓文明用语的使用环境，理解文明用语表达的含义，正确、恰当使用礼貌用语。初步感受文雅表达的魅力。知晓不同场合所需要遵守的基本礼仪。	初步知晓何为得体表达，感受有文采的表达所带来的美感享受。能够遵照基本礼仪的要求约束自己的行为。
得体之行	初步学会观察、比较，培养学生的想象能力，具有初步的形象思维能力。	学会观察、比较，识记必备的基础知识，具有初步的逻辑思维能力和创新能力。	具备较强的观察能力，能运用所学知识解决一些基本的实际问题，具有一定的创新能力。
强健之身	学会整理自己的物品，学会做一些力所能及的事，体验做事的快乐。	学会基本的生活技能，尊重他人的劳动成果，感受帮助别人，快乐自己。	学会沟通、合作，敢于担当。知书达理，热情善良。自尊自爱，自信自强。
雅趣之性	初步感受有趣的人和事带来的快乐。	初步学会有趣地表达，有趣地学习，有趣地生活。	品味有趣的生活，成为有趣味的人。

第三节

积极实践的课程体系

积极探索课程体系是课程自立的重要方面。基于学校课程理念和课程目标，学校构建了以下课程体系（见图7-1）。

一、学校课程逻辑

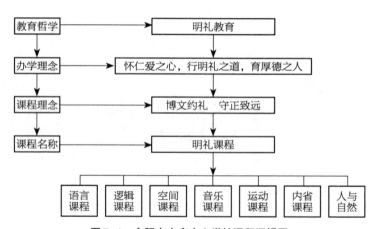

图7-1　合肥市小庙中心学校课程逻辑图

二、学校课程结构

学校"明礼课程"以"博文约礼，守正致远"为课程理念，倡导课程即文化萃取，课程即顺性生长，课程即价值实现。学校从"博文课堂""约礼学科""守正社团""承礼节日""致远之旅"五个方面全方位推进"明礼课程"的实施（见图7-2）。

图7-2　合肥市小庙中心学校"明礼课程"结构示意图

三、学校课程设置

根据学校的课程及学生的具体情况，设计了学校课程图谱（见表7-2）。

表7-2　合肥市小庙中心学校明礼课程一览表

年级	学期	语言课程	逻辑课程	空间课程	音乐课程	运动课程	内省课程	人与自然
一	上	童言万花筒	拼图道场	科之趣趣之声	开心童画琴瑟和鸣趣味汉字百灵之声	雏鹰足球绳舞足蹈楚汉相争	快乐宝贝（一）	我是校园小主人
	下							学校大家庭
二	上	妙语大拼盘	东南西北		剪剪乐吧泥塑世界琴声悠扬趣味书法	雏鹰足球绳舞足蹈楚汉相争	快乐宝贝（二）	我爱我家
	下		顺藤摸瓜					小鬼当家
三	上	雅语小学堂	刀斩乱麻	科之旅乐之韵	石头空间鼓乐声声轻舞飞扬墨香斋	足球新秀楚汉相争绳舞飞扬乒乓小将	幸运达人（一）	大自然的氧吧
	下		闻一知十					我是环保小卫士
四	上	舌之剑	神机妙算		创意素描诗情画意舞之雅韵书艺空间	足球新秀楚汉相争绳舞飞扬乒乓小将	幸运达人（二）	地球上的精灵（上）
	下		审思明辨					地球上的精灵（下）

提升学校课程品质

年级	学期	语言课程	逻辑课程	空间课程	音乐课程	运动课程	内省课程	人与自然
五	上	美语花园	举一反三	科之探创之意	动漫世界 水墨情怀 妙笔生花 天籁之声	足球新星 楚汉相争 绳舞飞扬 乒乓小将	七彩童年（一）	历史上的文人雅士
	下		火眼金睛					中国传统礼仪
六	上	少年讲坛	歧路亡羊		彩铅之乐 风琴声声 经典流传 民族风情	足球新星 楚汉相争 绳舞飞扬 乒乓小将	七彩童年（二）	最有力的武器
	下		运筹帷幄					我们的生活

第四节

自持自守的课程实施

根据明礼课程的目标和要求，为课程的实施和评估提出了以下想法。

一、建构"博文课堂"，落实学科基础课程

（一）"博文课堂"的内涵

课堂教学是学生学习的核心，也是师生发展进步的成长之旅。"博文课堂"是神奇有趣又多元化的学习过程，孩子在课堂中不断追寻奥秘，追溯着课堂的本质，渐渐地喜欢上这样的课堂。"博文课堂"是以普及学生为核心理念的课堂，引导学生通过实践探索、认真思考、交流合作获得新知识，形成新技能，创造师生和谐的探究和学习氛围，从而促进学生全面健康和谐地发展。

（二）"博文课堂"的实施方案

以学科基础课为依托，开展创建"博文课堂"活动。高效有序的课堂才有可能激发学生学习的热情和探究知识的激情。只有在高品质的"博文课堂"中，不仅让学生各种技能得到发展，还让他们在各种能力培养达成的过程中有了成功的体验；不仅让他们学会了本领，还让这些知识技能经过思考转化为学生内在的能量，并行之有效地运用在实际生活中；不仅能激起学生学习的欲望，还能让学生在合作学习和交流讨论中引发思维的碰撞，进而得出对问题更加深刻的了解。

（三）"博文课堂"的评价标准

根据"博文课堂"的实施内容与学生特点，为了提高课堂的质量，我们从"教学目标""教学方法""教学活动"等方面，对"博文课堂"进行评价，

并且要求在具体的课堂教学中，教师的课堂安排和问题提出要做到精当而准确，要给予学生足够的积极思考、发散思维、发展自我、深入探究的时间和空间，从而引导学生在学习过程中更多地投入和更加地深入，由此达到深度学习的状态。

二、开发"约礼学科"，丰富学校课程内涵

（一）"约礼学科"的内涵

"约之以礼"。"礼"广义指法律、规范及标准，狭义指礼仪、礼貌、礼节等。"约"是指约束，作为学生，除了要遵守法律、社会道德外，我们最基本的便是要守校规、守校纪。

（二）"约礼学科"的建设路径

学校在严格落实国家和地方基础教育课程的基础上，结合学校校情不断开发丰富拓展课程——"约礼学科"，每项课程指定专人开发教材，精心备课，用心上课，虚心教研。各学科组制定自己的课程评价标准，定期开展拓展课程教学竞赛，评奖表彰，形成具有学校特色的向雅课程，不断丰富学校课程内涵。

（三）"约礼学科"的评价要求

"约礼学科"的评价要在学校"明礼课程"教育哲学的指引下，在学校办学理念的框架内，以各个拓展课程组自行制定学科评价标准，密切学科特点，注重理论与实践相结合，形成性评价与终结性评价相结合，关键是效度指标要落到实处。

三、创设"守正社团"，落实个性化生本课程

（一）"守正社团"的内涵

"守正社团"是学校的特色之一，是教师和学生一起参与、生生一起讨论的一种有效形式。社团内的学习资源丰富多样，学生可在自己的能力范围内自主选择，深入研究。师生在同一个社团中，选择同一主题和时间，共同研究问题、体会学习的快乐，为彼此提供一个乐学、善思、学有所长、快乐成长的平台，在学校文化建设中起到了提升层次、建构载体、凝聚儿童、群体示范的作用。社团的课程内容不只是停留在知识表层，而是从教师的专业眼

光出发，挖掘属于学科特有的创意活动，将知识的学习融入一个个丰富、精彩而有挑战性的活动之中。

（二）"守正社团"的实施方案

学校创建了"守正社团"，由各班班主任进行宣传，鼓励学生报名，规定最低班级人数，不允许中途退出，确保社团稳定有序发展。

每个学年，学校从校内外选派专业技术人员担任社团指导员，为全校招收成员，每天放学和周末全面推行"守正社团"；在学习内容上，导师科学制定课程计划和实施方案；充分利用学校的各种功能性房间和场所，充分利用学校的活动资源。

（三）"守正社团"评价标准

为了促进"守正社团"的有效实施和学生能够积极参与到社团活动中，主要从理念体现、活动目标的制定与达成、活动内容设置的适切性、指导方法的多样性、活动组织的有效性、指导教师的表现等方面对社团进行评价。评价力求激发学生参与社团活动的兴趣，激发他们自主参与探究的主动性，让学生在参与中体验快乐、收获成功、建立自信。

四、设计"承礼节日"，落实启仁课程

（一）"承礼节日"的内涵

节日背后隐藏着各种各样的文化，传承着各地的习俗和相应的活动。礼仪节包含一系列具有特别意义的文化活动，是打造"明礼教育"校园文化品牌的主要载体，为课程的实施提供有力保障，为学生的成长和发展搭建平台。

（二）"承礼节日"实施方案

一是社会节庆课程。每月列出重要节日，纳入学校课程内容，通过节日课程让学生全方位了解不同时期的文明。比如学校定期举办元旦、春节、植树节、妇女节、母亲节、父亲节、重阳节等节日。大力开展孝敬老人等社会实践活动。

二是学科节庆课程。由各学科教研室组织实施，组织展示全校学生的学术成果。

（三）"承礼节日"的评价标准

为了保证"承礼节日"课程的有序实施，展示学校课程育人的魅力，学

校从活动设计、活动内容、活动组织、活动宣传等方面设定了评价标准。目标明确，活动方式和内容有新意，动手性强；活动分工比较细致，有序有宣传。

五、推行"致远之旅"，落实研学旅行课程

（一）"致远之旅"的内涵

研学旅行是课程的重要内容。"致远之旅"通过参加目标明确的各类活动，如参观名人馆、博物馆等地，获得有价值、有意义的体验。开放的体验场所为学生提供多元的实践感悟。

（二）"致远之旅"的实施方案

在学校开展游学活动之前，每个班都要开设研学主题课，引导学生关注旅游。整个过程，教师和导游全程陪同。在传播知识的同时，要注意渗透环保和人文教育，尤其是安全教育。

（三）"致远之旅"的评价标准

研学旅行具有广泛性、趣味性、全面性、教育性等特点，学校从教师组织引导的有序性和学生研学旅行的实效性两个方面进行评价。即组织引导科学有序，有明确研学目标，体现实践性和研究性；采用多种方式采集信息，丰富研学成果；学生能通过多种渠道获取信息，能够独立思考，研学中善于和同伴合作解决问题；通过研学旅行丰富自我阅历见识，提高动手能力和实践能力，并形成个人课程成果。

研学旅行后，学校还会组织学生召开主题座谈会，征文比赛等活动，拓展研学旅行的深度和意义。

总之，明礼教育主要通过作为校园主人公的师生员工来实现的，而"博文明礼"又是一个渐进的过程。这就必须从"明礼"教育入手，从持守的课程自立入手，从持守的行动入手，着力构建明礼文化课程，尤其与道德品质相关的各类实践课，引领教师感悟雅文化，领略雅文化精髓，使雅文化熏陶达到最佳效果。

（撰稿者：谷云　杨春风　杨维）

第八章

课程自觉，是人们基于对课程的理性认识，为课程品质的提升而有清晰的目标意识和科学的路径观念，自觉参与课程变革实践的理性之思与理性之行，是在课程觉察醒悟过程中逐渐形成的自我创造，是一种一以贯之的思考与行动，当一所学校有了扎实的课程自觉，这所学校便能实现长久的发展。

扎实的课程自觉

《孔子家语·致思》中有言"吾有三失，晚而自觉"，此之自觉是觉察醒悟之意，后来，费孝通先生提出了"文化自觉"的概念，文化自觉是对自身文化处境、演化过程以及未来前景的充分体认。[①]要提升学校课程品质，也需要有这样的"自觉"，这就是"课程自觉"。

课程自觉，是人们基于对课程的理性认识，为课程品质的提升而有清晰的目标意识和科学的路径观念，自觉参与课程变革实践的理性之思与理性之行，是在课程觉察醒悟过程中逐渐形成的自我创造，是一种一以贯之的思考与行动，当一所学校有了扎实的课程自觉，这所学校便能实现长久的发展。[②]

这种自觉重在觉察醒悟、反思改进，而促进这一过程最为重要的，则是课程的管理。戴维·米德伍德、尼尔·伯顿在《课程管理》一书中提到"教育组织的主要目的是促进有效学习的产生"。[③]可见课程管理需要促进有效学习的产生，这种学习不仅仅是知识技能的学习，更是核心素养的形成。传统的课程管理强调在学校的领导下课程实施的有序展开，忽视了管理的最终目的，因而我们传统意义上的"课程自觉"也就偏离了它应有的方向，重在学校工作的"有序"，而非真正的"有效"。新的时代背景下，学校教与学方式发生了翻天覆地的改变，课程管理也应当随之改变，学校、教师、家长以及学生自身都应当自觉参与到课程管理中来以促进学生有效学习的产生，那么，如何通过学校管理以促进扎实的课程自觉？

首先，确定价值引领。价值引领对学校课程发展的价值不仅在于能够提升学校文化品位，凝练学校课程理念，确定学校课程目标，而且还可以凝聚人心，增强文化自信，服务师生发展。价值引领，既要有课程建设的核心理念引领，又要有教师主体责任价值的引领、学生及家长认同度的引领。

其次，组织制度建设。制度应该是一个完整的体系，包括指向人才培养的学习制度、指向课程开发的审议制度、指向实施质量的监管制度以及指向价值提升的评价制度。组织制度的制定应该有全体教职工甚至学生家长的参与，并在实践中不断改进。

---

① 费孝通.费孝通论文化与文化自觉［M］.北京：群言出版社，2005：212.
② 杨四耕.自主性变革：走向课程自觉的美好境界［J］.中国教育学刊，2020（05）：66-70.
③ ［美］戴维·米德伍德，尼尔·伯顿.课程管理［M］.吕良环，译.杭州：浙江教育出版社，2008：84.

最后，团队协作落实。在团队协同中，学校注重培养的是愉快而高效的合作团队，不是指令性的合作，或者是为了获得外在奖励的合作。而这每一步，都不再是学校、教师一方决定的问题，需要整体的团队协作，需要相应的评价调控机制，也需要一定的实施保障措施。

（撰稿者：甘香瑞）

第一节

一以贯之的课程理念

课程自觉，是人们基于对课程的理性认识，为课程品质的提升而有清晰的目标意识和科学的路径观念，一以贯之的课程理念是课程自觉的首要要求。

一、学校教育哲学：小天鹅教育

天鹅尊显，高贵圣洁，守雅操于终身；风采卓越，心志恒坚道成。小鸭幻变天鹅，振翅起飞西园，真纯善美，育人之不懈追求。天鹅，是真纯善美的象征。小天鹅，是每一个西园新村小学人的文化图腾。

小天鹅教育是至真的教育。陶行知先生认为"真"教育是一种与人民万物亲近，在大自然、大社会里办的教育。"千教万教教人求真，千学万学学做真人"是陶行知先生做人的准则，也是他倡导"真"教育的真谛。"真"教育就是"追求真理做真人"。

小天鹅教育是至纯的教育。"纯"的教育是遵循教育真谛的教育，是摒弃杂念和虚伪的教育，是充分尊重每一个个体生命的教育，是彻底贯彻民主、自由、平等价值观的教育。

小天鹅教育是至善的教育。善的教育就是生命的教育，我们应该在每个孩子的心中植入善的种子，让孩子的生命因善的教育而灿烂。主张用善的教育启发、引导、教育学生，为学生扬起健康成长的风帆。教育学生善待亲人、善待朋友、善待生活、善待自己。

小天鹅教育是至美的教育。教育之美在于其没有了教育的痕迹，在于其留给人们的自然流畅之感，即在师生的人格感染中、心灵碰撞中、理解倾听中、真诚激励中……润物无声地完成了教育的使命。

二、办学理念：让每一位学生都成为飞翔的小天鹅

教育就是一种唤醒，就是唤醒至真至善至纯至美的心灵。让每一个学生都能找到自己的优点和特长，都能正视自己的不足，在人生的道路上实现自己的人生价值，体验生活乐趣，这就是我们的办学理念：让每一个学生都成为飞翔的小天鹅。

三、课程理念：小天鹅，从这里起飞

为使同学们享受丰富多彩的课程，学校以"国家课程的高质量校本化实施"为基础，以"精品特色校本课程的开发"为补充，构建了与学生内在发展需求相一致的，有利于夯实学科基础、促进专业发展、提高综合素养、形成自主能力的课程体系。我们认为：

——课程即多维学习。未来社会是急剧变革的社会，学校课程亦应该做出相应的调整。在这之中，学生由过去的被动接受逐渐转变为在新的学校课程氛围中自主探索、主动探究，在具体的实践活动中获得经验的增长和知识的自我建构，逐渐在经验累积的基础上建构起知识框架，获得适合自己的学习方式，并不断提升自我学习能力。"小天鹅"课程强调深度引导，侧重实践应用，让学生在真实空间中学习、在虚拟情境中学习、在探索中学习、在体验中学习、在比赛中学习、在聆听中学习、在操作中学习……课程不再是规范的教学内容和教材，也不只是"文本认知课程"和"技能培训课程"，我们会营造更大的学习空间，提供更多的学习资源，让学生在探学思行一体的多维学习中收获满满。

——课程即多彩学科。学校的课程设置要合理规范，将国家课程、地方课程与学校课程进行有机整合，科学地挖掘学生内在潜能，培养学生可持续发展的学习能力，提高学生的综合素质。课程要立足儿童意义，真正把学生作为认识和发展的主体，从而全面提高学生学科素养。学科不是狭隘的教科书内容，而要提供更为丰富的学科学习场景。学校所能提供的课程，是奠基学生寻找自我成长路径的关键所在。贯彻与落实学生发展核心素养是我们课程关切与研究的重点。课程设置要立足学生发展与学校优势，践行资源整合

和学科延展，多渠道、多方式、多方配合、多元评价，激活书本知识，增强解决问题的能力，不断提升学科素养，使其成为具有终身学习能力和鲜明个性的人才。

——课程即多面生活。美国的杜威提出"教育即生活""学校即社会"的主张。陶行知也指出"生活即教育""社会即学校""教学做合一"的基本观点。只有教育和生活相互渗透，让教育来源于孩子现在的生活又服务于孩子未来的生活，才能发挥它巨大的价值，体现终身教育的真谛。无论是学科课程的特色化拓展，还是主题课程的多学科聚焦，我们都提倡回到完整的生活图景上来。小天鹅课程，关注"真纯善美"四个发展维度，倡导在多维学习中绽放生命的真纯善美。因此，个体生命呈现出的所有场景都是课程，包括学生的生活足迹以及人际关系所在。生活既是教育的内容，又是教育的途径。生活是教育的根，是智慧的源泉，正因为人们在生活中受教育，教育才有意义。

——课程即多元智能。加德纳认为，人的智能不是一元的，而是多元的，而且每种智能在每个人身上的表现程度和形式是不一样的。基于加德纳的多元智能理论，学校课程设计坚持以学生为中心，知学生心中所想，做学生心中所求。通过构建充满生机活力、多层次、有特色的课程结构体系，让学生拓展知识视野，培养和发展特长，促进各种综合能力的发展。同时也通过实施多元评价，让学生以多种变通的方式展示特定的学习内容，在获取知识的同时，获得方法和能力的发展，让评价与学习同时发生，促使教师和学生成为共同的学习者。

第二节

清晰真切的目标意识

目标是行动的基础，清晰真切的目标意识为扎实的课程自觉提供了明确的方向。

一、育人目标：培养真纯善美的"小天鹅"

至真：求真知、求真理、求真诚——培养会思考的人；

至纯：守纯真、守纯正、守纯净——培养有理想的人；

至善：说善言、存善心、有善行——培养有德行的人；

至美：发现美、欣赏美、表现美——培养有才华的人。

二、课程目标：在多维学习中绽放生命的真纯善美

根据学校育人目标，对照学科课程标准，设计如下分年段课程目标。（见表8-1）

表8-1 合肥市西园新村小学北校课程目标

维度\年段		低 年 级	中 年 级	高 年 级
求真	求真知	喜欢学习，学习简单的观察的方法，敢于表达，有自主学习的意识，养成基本的学习习惯。	乐于学习，掌握观察的方法，具有细致的观察力和丰富的想象力，能较为清晰地表达自己的感受和观点，具有自主学习能力，养成良好的学习习惯。	热爱学习，善于观察，学习方法灵活，能熟练地将所学知识运用于实践，能准确表达真实感受，提出自己的观点，自主学习能力较强，养成适合自己发展的良好学习习惯。

维度 / 年段		低 年 级	中 年 级	高 年 级
求真	求真理	具有好奇心，能大胆提出问题，能在教师或家长引导下尝试解决问题。	具有较强的好奇心和旺盛的求知欲，学会提出有价值的问题，并能自主探究，通过查找文献、科学实验、推理判断等方法解决问题。	保持较强的好奇心和旺盛的求知欲，学会从不同的角度去思考问题；能选择最优解决问题的方法；能客观、理性地看待问题，合理地处理生活中发生的问题；当遇到困难时，能坚持不懈地努力完成。
	求真诚	尊敬师长，能与同伴友好相处，学会宽容，知错就改。	实事求是，诚实守信，能接纳他人意见，并及时改正；能友善地指出他人行为不当之处，获得他人的信任。	诚实正直，待人谦和，能够听取他人的不同意见，采取适当方式解决问题，具有奉献精神。
守纯	守纯真	爱自己；爱劳动，自己的事情自己做；讲卫生，学会垃圾分类。	爱集体，爱家乡；热爱劳动，掌握一些基本的劳动技能，主动做力所能及的家务事；珍惜时光，学会合理地安排时间。	爱党爱国爱人民；热爱劳动，掌握一定劳动技能，积极参加公益劳动。
	守纯正	了解并践行小学生日常行为规范，养成基本的文明行为，适应小学生活；了解中华民族传统节日和传统美德。	言行一致；遵守校纪校规、社会秩序，做知法、守法的小公民；学会待人接物的日常礼仪；积极参与各种弘扬中华优秀传统文化的活动。	初步树立远大理想；感受各行各业的不同，尊重每一个行业的工作者；能深入了解并宣讲中国共产党的发展历程和中华优秀传统文化的发展历史。
	守纯净	认识自己和同伴；感受集体生活的快乐；学会谦让，外表朴素，有判断真善美的基本能力。	正确认识自己，能调控好自己情绪，珍爱生命；培养认真做事，真诚做人的道德品质；学会合作，外表朴素，能准确判断真善美。	能与人友好交往，形成积极进取、乐观向上的生活态度；能排除外界干扰，专注于某个问题的学习与研究；不追求外在的物质，真诚朴素，坚守内心的真纯善美；正确认识成长道路上的生理、心理变化，快乐迎接新自己。
向善	说善言	愿意与同伴分享交流；能吟诵启蒙古诗文；学会使用文明用语。	能在与人交往中正确表达自己的观点；能通过诵读、吟唱等多种形式展现中华经典文学作品；乐于书面表达自己生活的所见所闻所想。	在交流和讨论中能以事实为依据，作出自己的判断，并敢于提出看法或观点，传递正确的社会价值观；品读现当代文学作品，并愿意与同伴分享；学会演讲的技巧与礼仪。

维度 年段		低 年 级	中 年 级	高 年 级
向善	存善心	做一个懂得感恩的人，学会对父母、老师和帮助自己的人表示感谢；热爱大自然，初步培养绿色环保意识。	做一个懂得感恩的人，学会对集体、社会给予的帮助表示感谢；热爱大自然，能做到用实际行动保护身边的动植物，增强自身环保意识，倡导绿色生活。	感受伟大的祖国和中国共产党给予我们美好的生活，并将此转化为学习和前进的动力，争做新时代的好少年，将来报效祖国；热爱大自然，能理解人与自然、社会环境相互依存的关系，与自然和谐共处，树立"绿水青山就是金山银山"的环保意识。
	有善行	能与父母分享自己的快乐；升国旗时，肃立敬礼，会唱国歌、队歌，敬标准队礼；能友好与他人相处，乐于助人；爱护公物；有环保意识，能做到日行一善。	能与他人分享自己的快乐；公共场合举止文明、遵守公共秩序；愿意并善于帮助别人解决困难；践行绿色环保生活方式；能坚持做到日行一善。	能和师长、同学友好和睦相处，遇到问题和矛盾时，能正确处理；乐于帮助别人；能积极参加学校或社会的公益活动；能坚持做好日行一善，成为校园榜样。
绽美	发现美	善于观察大自然和日常生活中美好的事物；喜欢艺术体育活动。	能发现人文与自然景观有机结合的美；善于发现人的心灵美；能利用艺术体育活动丰富自己的课余生活；养成坚持体育锻炼的好习惯；具有创造美的愿望。	能感受劳动及生产与学习过程的美；了解不同民族、不同国家对美有不同的标准；保持参与艺术体育活动的兴趣和积极运动的习惯，使性格更开朗，动作更协调；具有完善自己、美化生活的愿望。
	欣赏美	初步具备审美能力；在阅读中培养感受美的能力；感受艺术体育活动给自己带来的愉悦情绪；学习、生活有美好的向往。	提升审美能力；在阅读中，能凭借语言文字和彩图实物进行丰富的想象；能在艺术体育的赛事中，提高自身的运动技能与艺术修养；能感受艺术作品的感情色彩；勇于实践，发展综合运用知识的能力，初步感知创新给人带来的快乐。	有较强的审美能力；在阅读中，学会能将景物环境与人物行为联系起来，体会情境，感受其意境美；能理解艺术作品的感情色彩；能积极参加各项艺术体育项目，形成勇敢顽强的意志品质、积累艺术文化底蕴；感受科技创新成果的喜悦和成就感。

提升学校课程品质

维度 年段		低 年 级	中 年 级	高 年 级
绽美	表现美	能通过语言文字、绘画或舞蹈等一种方式，表达自己的感受。 选择自己喜欢的2项体育运动技能和1项艺术特长，参与学习。	能通过语言文字、绘画或舞蹈等方式，准确地表达自己的感受。 能学会2项体育运动技能和1项艺术特长，至少有一项体育或艺术特长能参加比赛。	能通过语言文字、绘画或舞蹈等多种方式，准确地表达自己的感受。 能擅长1～2项体育运动技能和1项艺术特长，至少有一项体育或艺术特长能参加比赛，并获得理想的成绩。

第三节

科学高效的路径观念

课程自觉是自觉参与课程变革实践的理性之思与理性之行，因而清晰、科学、高效的路径观念显得尤其重要。

一、课程逻辑图

我们依据学校"小天鹅"教育哲学，凝练学校课程理念，架构小天鹅课程框架，形成小天鹅课程逻辑图（见图8-1）。

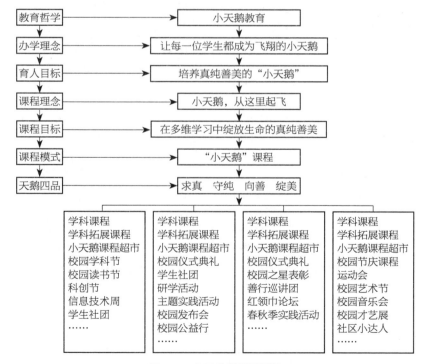

图8-1 小天鹅课程逻辑图

二、课程结构图谱

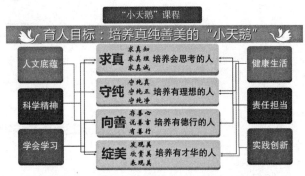

图8-2　合肥市西园新村小学北校课程逻辑图

二、课程设置

围绕"天鹅四品"，学校提出具体课程目标要求，分年级和学期设置了丰富多彩的课程体系（见表8-2）。

表8-2　合肥市西园新村小学北校"小天鹅"课程设置表

天鹅四品	求真	守纯	向善	绽美
目标要求	求真知、求真理、求真诚	守纯真、守纯正、守纯净	说善言、存善心、有善行	发现美、欣赏美、表现美
一年级上学期	小小天气预报员 趣味识字 经典诵读 趣味拼搭 我会分类 神奇的水 身边的动物 动物模型大比拼	传统游戏 介绍我的家 衣物会搭配 卫生好习惯 整理我能行 小小播报员 红领巾淘宝节	图画日记 童声古韵 成语小达人 妙趣绘本屋 月亮故事会 我要入队了 校园之星 研学之旅	创意泥工 绳彩飞扬 苗苗合唱 纸中艺术 形体训练 乐在乒乓 花样跳绳赛 篮球拍拍乐
一年级下学期	趣味识字 数学迷宫 数字奥秘 钱币大观园 有趣的科学现象 天气日历 动物模型大比拼 科技嘉年华	经典诵读 秀秀我的书房 我有巧巧手 衣物美搭配 卫生好习惯 购物小达人 农业科普园 传统游戏	小小播报员 图画日记 美德绘本 文明礼仪我先行 创编儿歌 童声古韵 校园之星 研学之旅	创意泥工 体之美 绳彩飞扬 苗苗合唱 纸中艺术 形体训练 乐在乒乓 体育运动会 小天鹅艺术节

二年级上学期	仓颉造字 神奇的24点 魅力七巧板 小小调查员 我们身上的尺 身体的秘密 月亮的"脸"	童话世界 我会购票 垃圾分分类 我是时间小主人 光荣的劳动者 低碳环保我能行 绿手指种植	快乐写吧 我说你听 童声古韵 礼孝于行 文明小标兵 校园之星 研学之旅	我眼中的校园 巧手剪纸 苗苗合唱 天鹅棋社 儿童舞蹈 画中天地 花样跳绳赛 篮球拍拍乐 红领巾淘宝节
二年级下学期	仓颉造字 了解好朋友 火眼金睛 小气象家	童话世界 我会购票 垃圾分分类 我是时间小主人 光荣的劳动者 低碳环保我能行 绿手指种植 我从哪里来	快乐写吧 我说你听 童声古韵 礼孝于行 讲寓言 文明小标兵 校园之星 研学之旅	我眼中的校园 绘本制作 苗苗合唱 巧手剪纸 天鹅棋社 画中天地 科技嘉年华 体育运动会 小天鹅艺术节
三年级上学期	汉字的秘密 观察日记 乘式之谜 小小记分员 树叶与周长 神奇小猫听指挥 打字小能手 神奇的水 月球探索 科学转转转	唐诗风韵 灵活编织 争坐时间舱 自救小达人 合理安排 梨园戏曲 红领巾淘宝节	童趣读写 沟通无限 创编童谣 诚信教育 美文诵读 动物小说 校园之星 研学之旅	亲近大自然 创意图形 笔下生花（硬笔） 跟我去旅行 乒乓往来 轮滑竞速 花样跳绳赛 亲子篮球
三年级下学期	汉字的秘密 观察日记 小小统计员 多彩的分数条 神奇小猫听指挥 打字小能手 能量之源 食物旅行 指南针 航模达人	唐诗风韵 争坐时间舱 安全你我他 脸谱秀 梨园戏曲 亲近大自然 灵活编织	童趣读写 沟通无限 诚信教育 李杜诗韵 动物小说 经典传颂 校园之星 研学之旅	游记小达人 笔下生花（硬笔） 创意小画家 开心涂鸦 跟我去旅行 乒乓往来 轮滑竞速 科技嘉年华 体育运动会 小天鹅艺术节

四年级上学期	汉字之美 动物世界 观点致胜 数独高手 怎样滚得远 玩转魔方 打字小能手 走进科技馆 神秘的空气 赏花大会 生活中的地理 科学探索	团队集中营 梨园戏曲 挑战不可能 队长终极命令 传承棕编 研学之旅 跟我游庐州 红领巾淘宝节	我爱创作 观点致胜 品味宋词 校园小说 与日语同行 天鹅报刊 感恩教育 校园之星 研学之旅	带你游场馆 笔下生花（软笔） 水墨丹青 创意动画动手做 乒乓往来 排球小将 舞蹈秀 活力啦啦操 唱响好声音 花样跳绳赛 亲子篮球 竖笛演奏家 创编绘本故事
四年级下学期	汉字之美 同音异形 数独高手 巧用运算律 多样三角形 可能与不可能 身份证的秘密 探究大数 天鹅报馆 科技嘉年华 月球探索 生物探秘 未来之城（基础） 学习工具我创造	团队集中营 小小气象家 挑战不可能 队长终极命令 好少年推荐会 梨园戏曲 传承棕编 夸夸家乡美 走进地质博物馆	我爱创作 观点致胜 品味宋词 校园小说 唱响好声音 感恩教育 校园之星 研学之旅	带你游场馆 笔下生花（软笔） 水墨丹青 创意小画家 创编节日小报 乒乓往来 排球小将 舞蹈秀 活力啦啦操 与日语同行 竖笛演奏家 体育运动会 小天鹅艺术节
五年级上学期	趣味字谜 面积变形计 奇思妙解 程序结构我会写 小小平面设计师 身边水污染调查 濒危生物大搜索 认识地球村 科技动手做之神奇磁铁	我是中国人 红领巾淘宝节 认识地球村 研学之旅	小记者在行动 三国水浒英雄汇 当代风华 史记故事 小小影评人 最美家书 人物传记 校园之星 研学之旅	超级演说家 舞动啦啦操 书艺能手 色彩搭配 轮滑阻拦 活力篮球 接力跳绳 舞蹈秀 天鹅之声 花样跳绳赛 篮球对抗赛 科幻天地

五年级下学期	趣味字谜 玩转分数 圆来如此 走进污水处理厂 做一个生态瓶 科学小发明 电脑录字 未来之城（竞赛） 我会编程解难题 科技嘉年华 小小动画设计师	色彩搭配 小记者在行动 我是中国人 认识地球村	小记者在行动 三国水浒英雄汇 当代风华 人物传记 超级演说家 校园之星 研学之旅	超级演说家 舞动啦啦操 轮滑阻拦 活力篮球 舞蹈秀 天鹅之声 花样跳绳赛 篮球对抗赛 科幻天地 航模 体育运动会 小天鹅艺术节
六年级上学期	汉字渊源 挑战金话筒 天鹅报馆 奇思妙解 我是编程小能手 小小网页设计师 走进环境监测站 显微奇世界 巧手做实验 科技动手做之形态各异的桥	经典入我心 迎接新的自己 职业内涵我知晓 行业人物我来夸 职业初体验 红领巾淘宝节	班级小报 挑战金话筒 走进经典 舌战群儒 小小文学家创编 校园之星 研学之旅	谁"语"争锋辩论赛 炫酷啦啦操 天鹅之声合唱 摄影定格 书艺素养 科学幻想画 变废为宝 篮球健将 小天鹅艺术节 花样跳绳赛 篮球对抗赛
六年级下学期	汉字渊源 正负之争 柱造锥形 策略高手 变废为宝 月球之家 摄影定格 科学DV 小小网页设计师	经典入我心 迎接新的自己 职业内涵我知晓 行业人物我来夸 职业初体验 设计达人	班级小报 挑战金话筒 咬文嚼字 走近小古文 小小文学家汇编 谁"语"争锋 校园之星 研学之旅	谁"语"争锋辩论赛 炫酷啦啦操 天鹅之声合唱 摄影定格 科学幻想画 变废为宝 篮球健将 科技嘉年华 体育运动会 小天鹅艺术节

第四节

履方致远的课程实施

一所学校有了扎实的课程自觉，才能实现长久的发展，履方致远的课程实施为课程自觉提供了保障。

一、构建"求真课堂"，有效落实学科基础课程

课堂是学校课程实施的主阵地，课程以课堂教学为抓手。"求真课堂"是师生对真问题的思考，有真实践的体验，有真学习的过程，有真提高的效果。"求真课堂"不仅要成为学生全面发展的依托，也要是成就教师职业幸福的平台。以真教促真学，以真学促真教。

（一）"求真课堂"的内涵

在学校育人目标"培养真纯善美的小天鹅"的指引下，"求真课堂"文化形态提倡遵循教育发展规律和儿童身心发展规律，回归教育本真。通过有效落实课程标准，课堂实现求真实、学真知、练真能、做真人。

（1）求真实。"求真课堂"追求真教、真学、真评价。真教即教在学生的疑难处，教在方法的点化处，教在思维的开启处。真学是让学生静下心来读书、思考和探索，学会和文本对话，带着自己的思考、收获和同伴合作交流。真评价不仅仅是停留在评价形式上的表扬或肯定，更重要的是针对学生思考的过程、思考的内容做出评价，能真正引发学生新的思考、新的智慧。

（2）学真知。"求真课堂"最大魅力是引领学生探究真知，让课堂成为学生生命能量迸发的地方，让学生自己去探究、去讨论、去发现、去成长。创

新的思维在碰撞，智慧的火花在闪烁。学生真正经历探索寻求真知的过程，才能构建和谐充实的课堂。

（3）练真能。"求真课堂"以课程标准为纲，明确各学科教学目标、内容以及评价，既注重知识的学习，更关注能力的培养，追求有实效的课堂，追求有质量的教学，力求达到有真收获。

（4）做真人。教师作为新时代教育思想的实践者，应牢记陶行知先生的话——"千教万教教人求真，千学万学学做真人"。以"真"字为自己立教之本，以真教人、以真待人、以真做人，教育学生学真知、求真理、说真话、办真事、做真人。

（二）"求真课堂"的推进

学校以课题引领、课例研究、课堂展评等方式，深入推进"求真课堂"的实施。

（1）课题引领。推进课堂教学深入变革需要科学理论的支撑，需要实践经验的不断积累。学校以教学改革的龙头课题《提升小学生元认知能力的课堂教学实践研究》为引领，探索求真课堂教学模式。各教研组分学科承担子课题研究，通过对元认知理论的学习，教学问题的设计，教学过程的反思以及对教学效果的评估，以实现真教、真学、真评价。

（2）课例研究。学校成立"品质教学"项目组，以课例为载体开展行动研究。项目组通过"三上三研"观课议课活动，对教学目标定位，教学问题的设计、教学手段以及师生语言等各方面进行微格研究，探索"求真课堂"教学模式。

（3）课堂展评。学校每年举行一次"鸿鹄杯"课堂教学评比，在此基础上遴选优秀课例进行展示，为教师搭建相互学习、交流和研讨的平台，加深教师对"求真课堂"内涵的理解，形成共同的课堂教学价值观，促进"求真课堂"向着更高层次发展。

（三）"求真课堂"的评价标准

在具体实施过程中，"求真课堂"的教学评价表是课堂教学评价的标准，也是教师在日常教学中的依据和目标，旨在引导教师关注课堂、研究课堂，促进教学能力的提升，具体如下（见表8-3）。

表8-3 合肥市西园新村小学北校"求真课堂"评价量表

评价项目		评 价 标 准	权重	得分
求真实	真教	教师以学习为中心创设教学情境，设计教学过程；重视对学生思维方法和学习方法的指导。	10%	
	真学	课堂气氛活跃有序，为学生创造读书、思考和探索的空间，同伴合作交流效果明显。	10%	
	真评	教学评价针对学生思考的过程做出评价，引发学生新的思考。	10%	
学真知	真探究	发挥学生主体作用，组织引导学生采用合作、探究式的学习方式，促进学生有效学习真实、自然发生。	10%	
	真交流	设计聚焦学生核心素养的学习活动，学习活动中学生带着问题合作交流。师生关系融洽，学生获得良好体验。	10%	
练真能	真目标	目标定位准确，结合学生实际，符合课程标准和教材要求教学；目标表达清晰，具有可评估性。	10%	
	真练习	设计教学前测，了解学生认知起点，明确教学重难点；设计有层次的课堂练习，及时诊断教学效果。	10%	
	真收获	学生在课堂上参与面广，勇于发表自己的观点，敢质疑，善总结，有收获。	10%	
做真人		学生在知识、能力和情感态度及价值观等方面都能得到和谐发展，不同层次的孩子都有收获。教师通过课堂实践及时反思，提升自身专业素养和教育智慧。	20%	
评价小组成员			总分	

二、建设"活力学科"，全面丰富课程

学科是学校课程变革的关键，学科发展是学校内涵发展的重要标志。根据我校的"小天鹅"课程内容设置，我校以学科课程群建设为主要载体，重

点建设"活力学科",落实特色学科课程。详见"宽度语文""童趣数学""磁性科学""创意AI"四个学科课程群方案。

1."宽度语文"课程群

"宽度语文"即"用有宽度的语文,滋养无限向上的力量"。旨在充分发挥语文学科的综合性、实践性的特点,通过创设浓厚的文化场景,搭建丰富的阅读空间,提供广阔的实践环境,让学生广见识、宽视野、纳百川、修大气。"宽度语文"分别从"识字写字、阅读、写作、口语交际、综合性学习"五方面入手,结合实际设置课程。除基础课程外,具体课程设置如下(见表8-4)。

表8-4 合肥市西园新村小学北校"宽度语文"课程设置表

课程 / 年级	宽识写	宽阅读	宽写作	宽交际	宽实践
一年级	趣味识字	经典诵读	图画日记	小小播报员	介绍我的家
二年级	仓颉造字	童话世界	快乐写吧	我说你听	我眼中的校园
三年级	汉字的秘密	唐诗风韵	童趣读写	沟通无限	亲近大自然
四年级	汉字之美	品味宋词	我爱创作	观点致胜	带你游场馆
五年级	趣味字谜	三国水浒英雄汇	小记者在行动	超级演说家	我的出行计划
六年级	汉字渊源	经典入我心	班级小报	挑战金话筒	谁"语"争锋辩论赛

2."童趣数学"课程群

"童趣数学"旨在培养儿童动手操作、合作探究的能力,提升儿童的数学思维品质与多种关键能力,鼓励儿童将自己的所思、所感、所悟灵活地运用到现实生活中,享受数学带来的乐趣。以苏教版小学数学为基础,依据数与代数、图形和几何、统计与概率、综合实践、数学文化五大学习领域,从童趣代数、童趣图形、童趣统计、童趣实践、童趣文化五个方面设置课程。除基础课程外,具体课程设置如下(见表8-5)。

表8-5 合肥市西园新村小学北校"童真数学"课程设置表

课程类别 年级		童趣代数		童趣图形		童趣统计		童趣实践		童趣文化	
		课程名称	课程内容	课程名称	课程内容	课程名称	课程内容	课程名称	课程内容	课程名称	课程内容
一年级	上	会加会减	快乐计算	智趣拼搭	拼搭达人	有条有理	整理我能行	物聚群分	我会分类	古人计数	数的由来
	下		数学迷宫		立体之美		数字奥秘		秀秀我的书房		古代钱币
二年级	上	步步为赢	神奇的24点	边边角角	魅力七巧板	调查高手	小小调查员	地铁达人	我会购票	测量达人	我们身上的尺
	下		除法大聚会		测定方向		了解好朋友		我会观察		认识钟表
三年级	上	乘胜追击	乘式之谜	设计图形	创意图形	小鬼当家	小小记分员	我学我用	树叶与周长	时间主人	合理安排
	下		混合运算		画脸谱		小小统计员		多彩的分数条		作息时间表
四年级	上	机关算尽	除式之谜	魅力图形	垂线和平行线	量量画画	条形统计初探	生活学问	怎样滚得远	大数时代	科学计数
	下		巧用运算律		多样三角形		可能与不可能		身份证的秘密走进超市		探究大数
五年级	上	已见"分""小"	妙算小数	维度空间	面积变形计	统统有数	班级联欢会	精打细算	校园的绿地面积	鸡兔同笼	奇思妙解
	下		玩转分数		"圆"来如此		折线统计图		蒜叶的生长		龟鹤原理
六年级	上	数数联盟	分数计算	立体图形知多少	长方体的再研究	妙用统计图	生活中的统计图	展现实力	互联网的普及	解决问题策略	曹冲称象的策略
	下		一正一反		柱造锥形		扇形统计图		制订旅游计划		田忌赛马的策略

3."磁性科学"课程群

"磁性科学"学科课程是在夯实国家小学科学课程基础上,发挥学校周边社会资源,紧扣物质科学、生命科学、地球与环境科学和技术与工程科学等四大领域的核心原理,设计的一系列趣味化、生活化、有实践价值的科学实验和科技实践活动的课程,旨在在观察、验证、比对、实践中,提升学生的观察力、专注力、自信力、动手力、组织力和表达力。除基础课程外,具体课程设置如下(见表8-6)。

表8-6　合肥市西园新村小学北校"磁性科学"课程设置表

内容 / 年级		"磁性科学"学科课程				
		"物"之源	"生"之彩	"空"之境	"技"之巧	"创"之幻
一年级	上学期	神奇的水（一）	身边的动物	月亮故事会	动物模型大比拼	科技动手做之建高塔
	下学期	有趣的科学现象	农业科普园	天气日历		
二年级	上学期	垃圾分类	身体暗箱的秘密	月亮的"脸"	百变折纸	
	下学期	低碳环保我能行	我从哪里来	小小气象家		
三年级	上学期	神奇的水（二）	小小种植家	月球探索（一）	科学转转转	科技动手做之航模达人未来之城（基础）
	下学期	能量之源	食物旅行	指南针		
四年级	上学期	神秘的空气	赏花大会	生活中的地理	科学探索	
	下学期	小小气象家	生物探秘	月球探索（二）		
五年级	上学期	身边水污染调查	濒危生物大搜索	认识地球村	科学小发明	科技动手做之神奇磁铁未来之城（竞赛）
	下学期	走进污水处理厂	做一个生态瓶	月球旅行		
六年级	全学年	走进环境监测站变废为宝	显微奇世界	月球之家	巧手做实验	科技动手做之形态各异的桥摄影定格（科学DV）未来之城（竞赛）

4. "创意·AI" 课程群

"创意·AI" 课程是以 "信息的创新应用（创意）与计算思维（AI）培养" 为核心的信息学科课程。旨在借助于新技术与设备，降低学生创意实现的难度，激发学生的创意激情。在小学阶段以启蒙为主，从Scratch、C++等程序设计语言入手，引导学生从具象的感知延伸到抽象思维的形成，也为后期学生AI学习打下基础。除基础课程外，具体课程设置如下（见表8-7）。

表8-7　合肥市西园新村小学北校 "创意·AI" 课程设置表

实 施 年 级		AI 思 维	创 意 应 用
三年级	上学期	神奇小猫听指挥	打字小能手（一）
	下学期	五彩世界等你绘	创意小画家（一）
四年级	上学期	创意动画动手做	打字小能手（二）
	下学期	学习工具我创造	创意小画家（二）
五年级	上学期	程序结构我会写	小小平面设计师
	下学期	我会编程解难题	小小动画设计师
六年级	上学期	我是编程小能手	小小网页设计师（一）
	下学期	算法学习我最棒	小小网页设计师（二）

三、落实 "多维学习"，畅通实施渠道

课程改革以来，课程的价值取向已由以知识为中心转移到了学生的全面发展上，学生的学习方式也更加多维，由过去的被动接受逐渐转变为在新的学校课程氛围中自主探索、主动探究，在具体的实践活动中获得经验的增长和知识的自我建构，并逐渐在经验累积的基础上建构起知识框架，获得适合自己的学习方式，并不断提升自我学习能力。

（一） "多维学习" 的内涵

（1）探索求真。人类对宇宙万物的好奇、惊讶、探索与追问的步伐从未停止过。儿童更是对万事万物充满了好奇。求真，仿佛是天鹅之眼，它能帮助儿童成为一个会思考的人。然而，求真需要扎实的知识学习、切实的能力提高，更需要充实的情感体验、丰实的碰撞来生成。

（2）感悟守纯。守纯，是坚守内心的纯真、纯正和纯净。儿童本纯，儿童本真，儿童本净，这一阶段，就像第一粒纽扣，从一开始就扣好，这关乎

孩子的价值观塑造。守纯，如同天鹅之脑。我们需要这世界多一些纯真和纯净，我们给孩子留下怎样的世界，取决于我们给世界留下怎样的孩子。

（3）倾听向善。人之初，性本善。善良是孩子健全人格的一部分。我们说，最好的教育是帮助孩子成为最好的自己。向善，如同天鹅之心。我们应该努力培植孩子内心向善的土壤，保持向善的思维、激发向善的力量，使孩子看到最美的世界，最美的自己。

（4）呈现绽美。美，其实无处不在。绽美，如同天鹅之翼，更是天鹅之行，我们努力搭建多样平台，孩子们绽放美的感受、美的情操、美的心灵，绽放生命的精彩。

（二）落实"多维学习"的途径

（1）项目探索促求真。求真，需要探索；探索，需要项目、需要空间。项目学习和场馆学习是促进学生探索求真的主要途径。项目学习是把真实项目作为学习的驱动力，每个项目都是独立的，学生参与到真实的问题解决中接受挑战、主动探究，创造出某件作品并完成重要知识的学习。

（2）体验感悟促守纯。守纯不是靠说教，更多的是要让孩子去体验、去感悟世界的本真。守纯，需要感悟；感悟，需要体验。体验学习和行走学习是促进学生感悟守纯的主要途径。情景模拟、参观调查、角色扮演、观赏体验、阅读感悟、参观体验等都是帮助儿童体验的有效途径。

（3）仪式文化促向善。向善，需要倾听感召，需要铭刻记忆。仪式学习、榜样学习是促进学生向善的主要途径。人生的一个又一个重要节点，总是需要一些仪式的。这些仪式，会让我们真切地感受到满足、幸福、热情和责任。在学校教育中，仪式作为一种文化象征，有着特别重要的作用。仪式学习帮助孩子们将校园生活中有意义的时刻以各种方式记录下来，成为成长之路上深刻的记忆。

（4）赛事呈现促绽美。绽美，需要呈现；呈现，需要平台。赛事学习、整合学习是主要的学习方式。赛事学习是一股促进学习的强大力量。孩子参加比赛是一种很好的锻炼机会。比赛有输赢，孩子知道了努力的结果；比赛有团队，孩子懂得了友谊和付出；比赛有困难，孩子收获了克服困难的勇气和毅力；比赛有情绪，孩子释放了最真实的自己；比赛也有运气，孩子还能了解生活的真相……

（三）"多维学习"的实施与评价

（1）"探索求真"学习要围绕探究项目的准备、项目的实施过程和效果来展开。评价关注探究活动的结果与过程，特别是儿童在活动中的真实表现（见表8-8）。

表8-8 合肥市西园新村小学北校"探索求真"项目学习评价表

评价内容	评 价 标 准
主题选定	围绕某个问题的解决选定主题，并澄清问题。
计划制订	以小组为单位设计活动计划，有观察量表和学习任务单等探究工具。
项目执行	小组成员按计划执行探索项目，通过小组学习，同伴互助开展实验或调查，过程性资料完备。
问题解决	项目初始设定的问题是否得到有效解决。
项目答辩	成员能详细阐释问题解决的方式和过程。

（2）"感悟守纯"学习的评价，主要关注儿童参与学习活动的状态和获得的感受，特别是儿童在体验活动中的情感交流，体验活动的启动即是评价的开始（见表8-9）。

表8-9 合肥市西园新村小学北校"感悟守纯"体验学习评价表

评价内容	评 价 标 准
方案准备	有明确的活动目的，方案具体可操作，活动开始前有针对性地开展启动体验教育，规则明确。
情境创设	有真实的情境，符合儿童年龄特点和兴趣所在，有效帮助儿童亲身体验。
儿童参与	活动有趣，富有感染性，吸引儿童愉悦、主动地参与，并专注地倾听和交流。
成果展示	通过体验手册、演讲、绘画、作文等形式展示体验活动的收获。

（3）"倾听向善"仪式学习的评价，重点关注学习活动策划与组织是否有序有效（见表8-10）。

表8-10 合肥市西园新村小学北校"倾听向善"仪式学习评价表

评价内容	评 价 标 准
制定方案	活动方案详细，主题鲜明，遵循儿童身心发展规律，教育意义突出。
资源整合	活动所需的各项物料准备齐全，参与的人员分工明确。

评价内容	评价标准
活动组织	活动组织有序，环节清晰紧凑，富有感染性。
师生状态	仪式感强，师生精神面貌良好，投入度高。

（4）"呈现绽美"赛事学习的评价关注学习活动的组织和效果，同时要对过程和结果进行分析，为后续活动的开展提供数据参考和经验借鉴（见表8-11）。

表8-11 合肥市西园新村小学北校"呈现绽美"赛事学习评价表

评价内容	评价标准
制定方案	活动方案详细，可操作性强，有相关应急预案。
资源整合	活动所需的各项物料准备齐全，参与的人员分工明确。
活动组织	有详细的活动手册，活动组织有序，公平合理。
成果反馈	对儿童在活动中的优异表现及时予以精神和物质的奖励，促进作用明显。组织者要对活动过程和结果进行纵向比较分析，形成分析报告。

四、打造"鸿鹄团队"，引领课程发展

教师团队是课程发展的引领者，是小天鹅课程的实施者，是求真课堂的践行者。为更好地落实课程理念，实现育人目标，学校统筹资源，合理规划，致力打造"鸿鹄团队"。

（一）"鸿鹄团队"内涵

在古代"鸿"指大雁，而"鹄"则是天鹅。天鹅善飞，它的纯洁和远举高飞成了人们心目中纯洁、美好、善良、勇敢的象征。雁阵善领，热情十足，在长途迁徙中鼓舞同伴、竭诚合作，共达彼岸。在西小，孩子们是小天鹅，而教师就是引领起飞的大雁。"鸿鹄团队"就是通过教师之间的互助、交流、合作，形成学习共同体，打造一批发展潜力大、教学能力强、创新思维活的骨干教师，助力小天鹅起飞。

（二）打造"鸿鹄团队"途径

（1）成立"领航工作室"。以学科为单位，依托课程群建设，成立了"领航工作室"，工作室下设多个名师工作坊，涵盖所有学科。领衔人由市区级骨干教师、学科带头人担任，成员为校级骨干教师和青年教师。各工作坊明确职责，制定目标，积极发挥团队作用，定期开展活动，形成教学、科研、学

习的共同体，助力年轻教师快速成长。

（2）科研引领发展。引导教师们通过教育叙事、课例研究、教学反思、教育行为研究等方面，关注真问题，生成小课题。在日常教育教学中，教师研读专业书籍，结合教学实际撰写读书笔记，留下思考的痕迹；每周四下午，各教研组、备课组按时开展活动，交流研讨；校本培训中学校组织专题讲座、经验交流、专家解答等不同形式、不同层次的交流研讨，共同完成课题研究。全校通力以研促教，推进教师专业成长，打造"鸿鹄团队"。

（3）搭建展示平台。学校为年轻教师成长及骨干教师研究能力提升搭建了多种平台。每年一届的校级"鸿鹄杯"教学评比、新进教师亮相课、师徒同台课、区级"聚焦课堂"教学大赛、一师一优课、全国融合课等活动，让有相同目标的教师聚在一起研究交流，相互砥砺，在合作互助中实现成长，在成长提升中为小天鹅课程实施保驾护航。

（三）"鸿鹄团队"评价

（1）常规评价。教学部门每月对教师教学常规进行检查，包括教学设计、教学反思、作业批改、听评课次数等。根据检查情况及时评价、及时反馈。

（2）课堂评价。通过对教师课堂教学的情况进行评价，评价标准见"求真课堂"评价量表。（见表8-3）

（3）教研评价。主要通过对参与各级各类教学研讨活动的情况进行评价，如：参与次数、发言情况、取得效果等。

（4）成果评价。学校每学年会对教师一年中取得的成绩进行统计、汇总，给予综合评价。

五、丰富"小天鹅社团"，发展学生特长

社团是发展学生兴趣特长，满足学生个性需求，实现学生全面发展的重要载体，是学校教育的重要组成部分。打破班级年级界限的孩子们，在丰富全面的"小天鹅社团"课程中自在畅游。在自主报名和双向选择的基础上，组建社团组织，每周开展社团活动。经过多年的实践与探索，我校"小天鹅社团"规模不断扩大、类型日益丰富，并能够坚持常态化有序开展。

（一）"小天鹅社团"的主要类型

"小天鹅社团"是课程建设中的重要组成部分，也是课程实施的重要途

经。社团将国家课程、地方课程、校本课程有机整合，全面拓展学科课程、多维提升综合素养，顺应学生天性、立足个性发展。在探索中求真，感悟中守纯，倾听中向善，展示中绽美（见表8-12）。

表8-12 合肥市西园新村小学北校社团活动课程

社团类型	社 团 名 称	招 收 对 象
求真	智取拼搭社团	一年级
	科学探索社团	全校学生
	边边角角社团	三年级
	日日赏月天文社	全校学生
	汉字天地社团	全校学生
	科普剧社团	全校学生
	走世界旅行家社团	全校学生
守纯	绿手指种植社团	三年级
	生活学问社团	一年级
	中华民俗寻访社	二年级
	精打细算社团	四年级
	生活学问社团	五年级
	数码摄影社团	六年级
向善	小天鹅文学社	二至六年级
	小故事家社团	三至四年级
	童谣天地社团	一至二年级
	小演说家社团	五年级
	好孩子手偶剧团	全校学生
	红领巾播报社团	全校学生
绽美	小天鹅书法社团	全校学生
	美天鹅舞蹈社团	全校学生
	小天鹅合唱社团	全校学生
	航模小能手社团	全校学生
	小小建筑师社团	全校学生
	开心涂鸦社团	全校学生
	小创客工坊	全校学生

（二）"小天鹅社团"实施要求

为了保障我校"小天鹅社团"深入、持续、有效地实施与开展，学校重点从课程管理、课程规划、课程内容、课程活动、课程成果等多个方面提出规范与要求。

（1）社团提倡有特色、有亮点，符合学校文化、培养目标，符合社团特色、符合学生兴趣的社团名称。每个社团有学期活动计划、活动内容、活动总结，有学生考勤表，有活动过程记录及对学生的评价，并做好过程性材料（文字、图片、作品等）的积累。

（2）保障社团有固定的时间和场地开展活动，为社团成员创设学习、体验等学习条件，充分调动社团成员的积极性、主动性、创造性，使每个成员能够把自己作为社团的小主人，充满热情、兴趣浓厚地参与社团活动。

（3）做好社团活动的总结与反思，不断探索学校社团的发展之路，根据实际的活动效果，为学校的社团建设提出合理的要求和建议。加强学生社团的自主化管理，各社团要制定管理制度，实现社团建设的规范化、制度化，确保学生社团健康、持续、稳定实施。

（三）"小天鹅社团"的评价要求

为增强我校"小天鹅社团"课程实施效果，建立社团动态循环发展机制，学校从"社团管理、社团实施、社团展示、社团成果"四个方面对各个社团进行评价（见表8-13）。

表8-13　合肥市西园新村小学北校小天鹅课程社团评价表

评价项目	评 价 内 容	评价形式	评 价 等 级			
			A（5分）	B（4分）	C（3分）	D（2分）
社团管理（25分）	社团要有规范的名称、制度、章程及实施办法。	实地查看查看资料				
	社团内部有严密的机构设置，有社长、社员学生，各项事务分工合理。	实地查看查看资料				
	指导教师引导得当，社团活动场地及设施有严格使用制度。	实地查看查看资料				

评价项目	评价内容	评价形式	评价等级			
			A（5分）	B（4分）	C（3分）	D（2分）
社团管理（25分）	服从学校管理及领导，积极参加各项学习活动。	看活动记录				
	有完善的学期课程方案、计划、总结。	查看资料				
社团实施（25分）	活动期间组织严谨，学生安排到位，整个活动井然有序。	看活动方案				
	活动有创意并能体现社团特色，积极向上。	看活动方案				
	符合小学生发展个人专长，拓展自身素质的需求，参与面广。	实地查看问卷调查				
	活动有方案、计划、总结以及文字资料和活动图片。	查看资料				
社团展示（20分）	独立开展展示活动或参与校内外大型活动，且主题突出、特色鲜明，受师生们欢迎，影响较大。	实地查看问卷调查				
	每次活动展示都有方案、计划、总结、新闻报道，且有一定的影响。	师生访谈				
社团成果（30分）	以社团名义参加校内外大型活动，展示学生成果，并取得良好效果，收获颇多。	查看资料询问学生				
	以社团名义参加区级、市级、省级、国家级大型成果比赛，并取得良好成绩。	查看资料				

六、创设"守纯校园节庆"，浓厚课程氛围

"守纯校园节庆"课程结合学校课程中的德育系列教育活动，对于充分发挥仪式庆典的教育功能，提高学生的思想道德素质、传承和弘扬中华传统文化，培养学生文明礼仪素养有重要的意义，让学生在课程活动中塑造有个性的自己。

（一）"守纯校园节庆"的创设与实施

校园节庆课程通过中国文化传统节日、特殊纪念日及学校举办的特色节日，构建学校"守纯校园节庆"课程。包括常规仪式、成长仪式、集会仪式

和节庆仪式四个类型。通过课程的开发与研究,让学生在"常规仪式"中树立主人翁意识,规范自己的言行形成规矩意识;在"成长仪式"中懂得感恩,学会自律,懂得爱祖国、爱劳动、爱他人,在社会中奉献自己的力量;在"集会仪式"中学习自律、自信、自强、敢于展示和表现自我能力;在"节庆仪式"中学习中华传统节日文化,树立国家意识,增强民族自豪感,传承民族精神,敢于探索、自主求真(见表8-14)。

表8-14 合肥市西园新村小学北校"仪式庆典"课程

仪式类型	名　　称	对　象	时　间　安　排
常规仪式	开学典礼	全校学生	九月
	升旗仪式	全校学生	每周
	颁奖仪式	全校学生	随机
成长仪式	入学开笔礼	一年级	九月
	入队仪式	一年级	五月
	五自仪式	三年级	十月
	生日仪式	四年级	六月
	纪念仪式	五年级	四月
	毕业仪式	六年级	七月
集会仪式	少代会仪式	二至六年级	十月
	班队会仪式	全校学生	每周
	运动会仪式	全校学生	四月、十二月
	求真论坛仪式	五年级	十一月
	向善巡讲仪式	全校学生	三月
	守纯发布会仪式	四年级	十一月
	小天鹅辩论会仪式	六年级	九月
节庆仪式	红领巾淘宝节	全校学生	十二月
	小天鹅书香节	全校学生	四月
	绽美艺术节	全校学生	五月
	科创嘉年华	全校学生	六月
	庆丰收五谷节	全校学生	一月
	求真学科节	全校学生	十一月
	善言故事节	全校学生	三月
	寻访传统节日	全校学生	全年

（二）"守纯校园节庆"的评价策略

"守纯校园节庆"的评价，既关注课程设计，又关注学生发展，注重课程的时效性，使每一个孩子在不同的节庆课程活动中得到体验、感悟和成长。"守纯校园节庆"课程实施具有开放性和时令性，围绕育人目标进行课程实施，为充分发挥"守纯校园节庆"的感化功能，让每个孩子在节庆课程中获得丰富的文化滋养，特从以下几个维度开展评价。

（1）节庆课程方案。关注不同年龄段孩子的兴趣爱好，创设有滋味的内容让孩子乐于参与；课程应体现不同节庆仪式的特点和习俗，让孩子体验不同的风俗和文化。

（2）节庆活动过程。应以立德树人为宗旨，将节庆主题活动与德育教育内容进行有机整合；注重活动形式的多样化、活动内容多元化；创设多方面、多角度的活动条件，让学生积极参与到实践活动中；全体学生能积极主动地参与节庆活动，并在活动中积极思考，有创新意识，合作学习能力强。

（3）节庆仪式活动效果。通过学习、交流、合作等方式，孩子能够掌握节庆的文化历史背景和风俗习惯，并获得丰富的活动体验和情感体验；教师在孩子活动中指导有度、有方法，在整体活动中有创新、有突破。

（4）节庆课程管理。在每一项活动结束之后，能够及时对开展情况进行梳理，适时调整活动方案，撰写活动案例，提炼活动成果；能及时对过程性资料成果进行展评。

七、开展"小天鹅之旅"，推进社会融合

读万卷书，行万里路，陶行知说"生活即教育"。教育离不开生活，教育应与社会生活紧密相连，学生应在生活情境中接受教育。学校依据学生的年龄特点和认知能力，以"体验性""研究性"为原则，开展爱国教育、农耕教育、环保教育、科技探究、素质拓展、生存体验专题教育等研学实践体验活动。帮助学生拓展视野，提升技能，磨练意志品质，丰富自身知识，增强公民意识，安全意识，合作意识，规则意识。通过参观访问，亲身体验，同伴互助，后研学活动反馈等提高学生自理能力、沟通能力、调查研究能力、创新能力、合作能力和实践能力。

（一）"小天鹅之旅"主要类型（见表8-15）

表8-15　合肥市西园新村小学北校"小天鹅之旅"主要类型

课程内容	年级	学习任务（上学期）	学习任务（下学期）
我是小学生	一年级	探寻校园，画一画学校的平面图，培养学生热爱校园、热爱集体的感情；游览天鹅湖，知道合肥是自己可爱的家乡，是祖国的一座美丽、文明的城市。	去室内外的农耕场所，亲手种植菜苗、浇田等，感受劳动的乐趣与艰辛，进行劳动教育。
劳动助成长	二年级	游览大学校园，立下一个美好的理想，封存在信封里。进行立志和礼仪的教育。	游览植物园、地震小屋、野生动物园，感受生命教育和自然教育。
美丽家乡我能行	三年级	攀登一次大蜀山，放一次风筝，亲近自然，培养环保意识和热爱家乡的感情。	游览职业体验馆，进行诚信和礼仪的教育。
可爱的家乡	四年级	深入科技馆、名人馆等地，了解一种科技体验和记录一位名人，谈一谈理想，写一写为什么喜欢（敬佩）这位名人。激励自己立志建设家乡。	游览渡江战役纪念馆，到周边农场体验实地农耕，激发学生热爱祖国，热爱劳动的朴素情感。
学习立志	五年级	游览安徽创新馆等地，记录创新体验，并且打开自己当年的理想，看看自己距离理想还有多远。	步行至蜀山烈士陵园，为烈士扫墓、献花，进行毅力的磨练和对传统文化的感受，以及培养学生爱国的感情。
我是优秀毕业生	六年级	参加一次中学的升旗仪式，游览中学校园；带领一年级的小同学认识校园。为小升初做好过渡准备。	参加公益的工业职业体验活动，深入到工厂车间，做一次小工人，品尝和展示自己的劳动成果，进行劳动教育。制作自己的毕业纪念册。

（二）"小天鹅之旅"的评价要求

"小天鹅之旅"作为提升学生综合素质的实践教育课程，需构建内容、实施、评价一体的实践评价模式（见表8-16）。

表8-16　合肥市西园新村小学北校"小天鹅之旅"评价表

评价项目	评价要点	自　评	组　评	师　评
参与态度	乐于参与			
	遵规守序			

评价项目	评价要点	自　评	组　评	师　评
参与态度	完成任务			
	整理资料			
实践效果	能用多种方法搜集、处理信息			
	自主探究，勇于表达自己的见解			
	思维灵活，发挥特长，善始善终			
研学收获	团结协作			
	勇于担当			
	乐于反思			
	成果新颖			
家长评价				
总评				

八、整合"绽美校园赛展"，激发参与兴趣

每年的"绽美校园赛展"课程各种赛展和评比，旨在能够为学生们提供了一个锻炼和展示自我特长的平台，展示学生的风采。

（一）"绽美校园赛展"课程内容及实施

春季运动会固定在每年4月底进行，这是全校师生都翘首期盼的重大赛事，呈现校园体育运动的全员性、趣味性、技能性等特点，让学生明白责任和义务，懂得感恩和回馈，增强永不言败信念和集体荣誉观念。

"西园杯"校园篮球联赛于每年5月中旬开展，不仅能丰富学生课余生活，还能提高学生的综合素质，增强团队精神和集体凝聚力，彰显积极进取、顽强拼搏的体育精神。

校园合唱比赛基于我校小天鹅合唱社团特色项目开展，全员参加。每年5月底组织三到六年级开展班级合唱比赛，以班级为单位，演唱两首曲目，一首指定、一首根据年龄段的特点自选。并按年级段进行评比。

"迎新年"三跳比赛于每年元旦当天举行，比赛以班级为单位，全员参加。并且根据年龄特点设置比赛项目，一二年级单人跳、三四年级双人跳、五六年级集体8字跳。比赛不仅增进师生、生生之间的感情交流；还让学生亲身体会生活的艰辛和快乐，体会付出与收获的幸福。

（二）"绽美校园赛展"课程评价

"绽美校园赛展"以各种比赛为课程内容，体现"小天鹅，从这里起飞"的课程理念，全面关注学生、关注全体学生。通过校园赛展发现、挖掘和推出优秀青少年，提高学生的综合素质和能力，培养广大学生"自信、开放、创新"的意识，同时也树立学生们积极乐观、敢于拼搏、锐意进取的天鹅精神（见表8-17）。

表8-17 合肥市西园新村小学北校"绽美校园赛展"课程评价表

评价项目	评 价 标 准	分值	得分
赛展理念	赛展体现着"小天鹅，从这里起飞"的课程理念，发现、挖掘和推出优秀的青少年，提高学生的综合素质和能力，培养广大学生"自信、开放、创新"的意识，同时也树立学生们积极乐观、敢于拼搏、锐意进取的天鹅精神。	25	
赛展规则	坚持以"公开、公平、公正"的原则建立完善的比赛规则、评分系统及监督体制，避免出现不公平和影响学生比赛成绩的现象。	25	
赛展效果	秉承"友谊第一、比赛第二"的精神进行，注重学生能力的提升和加强，从而科学地挖掘学生内在的潜能、培养学生可持续发展的学习能力，提高学生的综合素质。	25	
赛展评价	全面关注学生。根据比赛的结果全面关注学生，对不同层次的学生需求设置不同层次的标准，以鼓励、激励的原则为主。	25	

第五节

扎实自觉的课程管理

一切行动实践都离不开管理，扎实自觉的课程管理是实现课程自觉的重要支撑。

一、价值引领

价值引领对学校课程发展的价值不仅在于能够提升学校文化品位，凝练学校课程理念，确定学校课程目标，而且还可以凝聚人心，增强文化自信，服务师生发展。

（1）课程建设核心理念的引领。西园新村小学北校教育集团沿承"小天鹅"教育哲学，秉持"让每一位学生都成为飞翔的小天鹅"的办学理念，树立培养真纯善美的"小天鹅"这一育人目标。具体指向为：求真、守纯、向善、绽美这四个横向维度的目标。再纵向细化为："求真"即求真知、求真理、求真诚——培养会思考的人；"守纯"即守纯真、守纯正、守纯净——培养有理想的人；"向善"即说善言、存善心、有善行——培养有德行的人；"绽美"即发现美、欣赏美、表现美——培养有才华的人。将这些符合学校文化的若干价值信念，具体落实到课程建设的全过程，关注孩子的学习维度和生命成长，培育学生的学习悟性。

（2）教师主体责任价值的引领。学校充分赋权教师，提升教师的课程认同，发掘教师的教育智慧，鼓励教师主动性地、批判性地、创造性地介入课程运作的决策、设计、实施、评价基本环节，创造性地规划与处理课程，建构符合教师自身的价值观以及"教师即课程"的课程生成形态。最终以师生发展价值最大化为核心追求，提升师生的创造力和行动力，落实立德树人的根本任务。

（3）学生及家长认同度的引领。课程实施的主体对象是学生，学生的家长也是学校课程建设的参与者与保障者。学校通过家长学校、宣传媒介，向家长做好课程建构的价值与目标，在具体实施与评价中，组织家长拓展资源，参与评价，获得更多的助力和支撑。

二、组织建设

学校依据课程建设需要，结合自身实际，成立"小天鹅"课程规划领导小组。组长：校长；副组长：主管副校长；组员：部门中层及教研组长若干。主要职责：把握课程开发的方向，整体规划学校课程，建立课程开发的保障机制。领导小组负责总体协调、校情分析、人事安排、经费投入、政策支持、资源开发等方面，并及时管理和调控实施过程，全面掌握课程建设的整体实施状况。根据课程建设具体分工，设四个小组。

（1）课程开发小组。组长：主管副校长；组员："名师工作坊"成员若干。主要职责：制订《课程群建设方案》《课程申报开发办法》《课程审定奖励管理办法》，组建课程开发团队，落实学校课程的设计与开发（课程开发流程为填报课程开发意向单、立项、编写课程纲要、评估、审核、认定）。

（2）课程实施管理小组。组长：校长；成员：分管副校长、教研主任、德育主任及教师若干。主要职责：全面负责学校新课程实施的教学管理工作，根据国家、省、市课程指导意见和计划，结合学生的选课情况，制定学校的课程编排、设置课程课表、确定上课教室、统计学生名单，检查了解教学进度及学生参与的情况，实施全程管理。

（3）课程评价认定小组。组长：分管副校长；组员：教研主任、德育主任及教研组长。主要职责：负责学校课程实施教学质量的评价与反馈。主要负责制定评价方式和评价标准，形成《"小天鹅"成长手册》，严格按学分认定的程序操作，建立学生学分档案，及时激励和评价学生的学习情况。

（4）课程建设服务保障小组。组长：总务主任；组员：教师若干。主要职责：设法为实施课程改革提供必要的物质后勤保障；加大经费投入、改善办学条件；安排好功能教室、学生活动室；加大图书馆、实验室、校园网等设施建设。

三、制度建构

学校建立和健全课程的管理制度，构建全课程管理运行机制。

（1）指向人才培养的学习制度。课程规划的实施，具体要全校教师的认可和参与来保障。要获得教师的认同，需要对课程建设的价值引领的知晓、认识，再到认同。这一过程需要通过管理者、决策者的培训、解读，也要通过教师的学习、内化再到具体实施，从而在实践中逐步逼近课程核心、增强课程开发能力，保证课程开发与实施的顺利进行。因此学校制定《教师学习培训制度》《领航工作室研究制度》《名师工作坊管理制度》，让教师课程建设的理解能力、课程的开发与设计能力都能有所提升，从而将课程的理念落实到实践之中。

（2）指向课程开发的审议制度。为保证课程开设的价值，使其具有可操作性、研究性、学习性，在课程开发与设计层面，学校制定《学校课程开发审议制度》，需提交课程开设申请报告、课程建设方案、实施目标、途径及评价方式。经过课程开发小组审议，组织学生代表问卷、座谈等，审核通过后，才能开设相应课程。

（3）指向实施质量的监管制度。学校课程建设中行为导引是关键因素，要通过课程制度的建立，引导教师理解学生在各个课程领域素质发展的基本规律，把握各门课程对学生素质发展的核心价值，引导教师理解教学方式变革的意义，把握课程教学方式变革的基本要求和操作规范，制定课程实施的行为细则，如《课程实施管理制度》。以此作为课程实施过程中及时调控、管理的抓手。

（4）指向价值提升的评价制度。课程实施中，评价是起到积极促进作用的方式。学校建立《课程评价监控制度》《课程建设奖励制度》《"小天鹅"手册积分奖励制度》，将学生学业成就，课程开发成果，课程受学生喜爱程度等作为考核依据，奖励课程开发与实施的团体和个人。

课程制度是一种以规约的形式表征的、学校管理者和全体教师所具有的集体课程意识，达到对学校的文化影响作用。

四、团队协同

在团队协同中，学校注重培养的是愉快的、有效的、专业的合作团队，而不是指令性的人为合作、日常性的工作联系或者为了获得外在奖励的合作。为此，学校以品质课程建设为核心，以学科课程群建设为目标，以"领航工作室"为平台，开设17个"名师工作坊"。每个工作坊的领衔人为市、区级学科带头人，带领学校两到三位骨干教师和若干位青年教师，共同合作，促进教师专业发展。"名师工作坊"不同于"师徒结对"，打破一对一的帮扶关系，形成以点带线，以线连面的辐射范围。依据《名师工作坊管理制度》，每个工作坊要有明晰的研究目标，发展途径，学校会开展阶段性的展示和评比。在学科课程群的开发与实施过程中，名师工作坊的成员是主要参与人员。在研究实施中，通过合作，增加教师之间的知识流动，充分利用教师个体所拥有的知识与经验来推进学校课程变革。通过交流和分享，发现彼此的隐性知识；通过对话与讨论，发掘更深层次的知识；通过群体思维，激发产生新的知识以此来提高团队的知识总量和集体智慧，增强学校的核心竞争力。

五、评价调控

根据"建立促进学生全面发展的体系，评价不仅要关注学生的学业成绩，而且要发现和发展学生多方面的潜能，了解学生发展中的需求，促进学生在原有水平上的发展"的评价总要求，构建校本课程的评价体系，对应每一条课程实施途径，来检验课程的质量、效果，如"求真课堂"教学评价、"项目式"学习质量评价、"体验式"学习过程性评价、"仪式活动"学习展示性评价等。并以此评价学校教师、学生的发展变化，如评选"智慧小天鹅""进取小天鹅""才艺小天鹅"等，最终指向课程建设、学校文化建设的效果和价值。

在具体评价操作中，采用多元评价方式，即实现评价主体的多元性，请教师、学生自己、同学、家长等共同参与评价；实现评价主体的互动性，即评价主体间进行双向的、多向的评价；实现评价内容的多元性，即以发展的眼光，从认知、行为等层面，多角度、多视点地分析评价；实现评价过程的动态性，即不仅要关注结果，更要注重学生成长发展的过程，通过多层次、多角度的评价，使学生逐步感悟自身的发展，提高发展的欲望。

六、实施保障

一是做好时间管理：学校层面，严格落实课程计划，给课程实施以时间保证；学生层面，请教师通过开设与时间管理相关的课程，如班级管理课程，培养学生时间观念，提升学习效率，并给予相应的及时性评价加以促进；教师层面，在课程实施管理过程中，提醒教师合理分配时间，保障学生学习生活的充分有效。

二是做好空间管理：学校充分认识到"空间即课程"的深刻内涵，充分利用学校空间环境，将学校文化、课程理念印刻在教室的墙壁、走廊；美化在场馆、楼道；唤醒在景观建设与转眼不经意间……通过设计、再造、巧用空间的"点、线、面、体"，从物理设施、学习资源、技术环境、情感支撑和文化营造等维度上，对空间功能进行整体再构和巧妙运营，将课程理念转变为看得见的空间课程，让空间最大程度地满足不同学生的发展需要。

三是做好经费支撑：学校每年都充分做好预算，做好物资、经费的保障。

总之，在小天鹅课程开发的过程中，围绕"让每一位学生都成为飞翔的小天鹅"的理念，学校引导教师自主参与到活动内容、方案设计、活动过程、案例编写等过程中，发挥团队优势。同时在课程开发的过程中发掘教师特长、培育教师团队、扩大对外影响。因为我们坚信，扎实的课程自觉重在教师团队的共同努力，当一所学校有了扎实的课程自觉，这所学校便能实现长久的发展。

（撰稿者：季媛媛　王建民　王大圣　杨雪　陈燕萍　马可心　马其泉

孙冰　张坤　刘音　胡文娟　刘佳　方刘兆　薛禾丽）

后记

《诗经》有云："高山仰止，景行行止。"虽不能至，然心向往之。合肥市蜀山区自2015年始，从原有18所品质课程实验校，增加了13所实验校，2019年经过区域各集团校不断调整形成了现有29所品质课程实验校。蜀山区成为首批"全国品质课程试验示范区"，31所实验校均被授予"全国品质课程实验学校"。如今的蜀山区已经形成了"一校一规划、一校一图谱、一校一特色"的品质课程样貌，每一所学校都如其所是地尽情绽放，蜀山教育人用自己的双手绘就了一幅品质课程的壮美画卷。

我们深知，课程是教育的核心，探究如何提升学校课程品质其实就是对提高教育质量的思考。随着时代的发展，课程的内涵也会变得更加丰盈。让每一所学校进行个性化的课程规划，让每一门学科拥有特色化的课程图谱，让每一位教师运用多元化的课程逻辑，最终塑造每一个全面发展的有品质的人。这才是读者眼中看到的蜀山区教育人追求的真正课程品质。

本书共八章，内容丰富，以更加开阔的视野审视近年来蜀山品质课程改革的成效以及对教育教学的启迪引导。书中以合肥市五十中西校教育集团、合肥市小庙中学、合肥市潜山路学校、合肥市五十中天鹅湖教育集团、合肥市华府骏苑小学、合肥市香樟雅苑小学、合肥市小庙中心学校和合肥市西园新村北校教育集团这八所学校的课程实施为例探讨蜀山区如何提升学校课程品质。详细阐述了提升学校课程品质需要具备的课程自知、课程自在、课程自审、课程自为、课程自励、课程自省、课程自立以及课程自觉八个方面的内涵。各章节之间的衔接是按照从课程理论到课程实践的逻辑思路顺序展开，让读者立足八所学校课程规划的特质，从不同的课程视角，俯瞰蜀山品质课程的别样风采。

反思本书所建构的八章提升学校课程品质的过程，八所学校从课程方向的确定到课程体系的建构实施，都给读者提供了不可或缺的课程源泉。诚然，在解决课程理论整体或连续的使用的问题上，都需要因校而异，巧妙灵活地对相关课程理论和课程方法进行整合，引导更多的学校、教师、学生乃至全社会共同参与，这是我们的课程愿景，同样也能引起教育者们对学校课程品质的更多思考。

蜀山品质课程在2021年是奋力、勤力、聚力质量提升的一年，也是花开有果的一年。展望未来，蜀山品质课程必将站在新起点，迎接新挑战，创造新的篇章。最后感谢参加编写这本书的专家同仁、学校和教师们的支持、付出和努力！

王慧珍

2021 年 5 月 12 日

"品质课程" 阅读书目

学校整体课程规划	978-7-5760-0423-6	48.00	2022 年 1 月
推进育人方式变革的区域教学改进研究	978-7-5760-2314-5	56.00	2021 年 12 月
学校整体课程规划的七个关键	978-7-5760-0424-3	62.00	2021 年 3 月
课堂教学的 30 个微技术	978-7-5760-1043-5	52.00	2020 年 12 月
教学诠释学	978-7-5760-0394-9	42.00	2020 年 9 月
原点教学：提升区域育人质量的策略研究	978-7-5760-0212-6	56.00	2020 年 8 月

品质课程聚焦丛书

自组织课程：语文学科课程群新视角	978-7-5760-1796-0	48.00	2021 年 12 月
数学作为学习共同体：一种新的数学课程观	978-7-5760-1746-5	52.00	2021 年 12 月
学科育人的整体课程范式	978-7-5760-2290-2	46.00	2021 年 12 月
聚焦育人质量的学科课程设计	978-7-5760-2288-9	42.00	2021 年 11 月
活跃的学习图景：学校课程深度实施	978-7-5760-2287-2	48.00	2021 年 11 月
学科文化：英语学科课程新视角	978-7-5760-2289-6	48.00	2021 年 12 月
课程联结：学科课程群设计方法	978-7-5760-2285-8	44.00	2021 年 12 月
数学学科课程决策：专业视角	978-7-5760-2286-5	40.00	2021 年 12 月
特色项目课程：体育特色课程的校本建构	978-7-5760-2316-9	36.00	2021 年 12 月
进阶式探究课程设计：学科整合视角	978-7-5760-2315-2	38.00	2021 年 12 月

学校课程发展精品丛书

学科课程群与全经验学习	978-7-5760-0583-7	48.00	2021 年 1 月
育人目标与课程逻辑	978-7-5760-0640-7	52.00	2021 年 2 月
学科课程与深度学习	978-7-5760-0505-9	52.00	2021 年 2 月
学校课程的文化表情：百花园课程的学科指向与深度实施			
	978-7-5760-0677-3	38.00	2021 年 2 月
学校文化与课程变革	978-7-5760-0544-8	62.00	2021 年 2 月
语文天生重要：语文学科课程群设计	978-7-5760-0655-1	44.00	2021 年 2 月
五育并举的课程体系：致良知课程的旨趣与探索			
	978-7-5760-0692-6	48.00	2021 年 1 月

学科课程与育人质量	978-7-5760-0654-4	48.00	2021 年 1 月
在地文化与课程图谱	978-7-5760-0718-3	46.00	2021 年 2 月
中观课程设计与学科课程发展	978-7-5760-0624-7	36.00	2021 年 1 月
大教学：英语学科核心素养培育的课程模式	978-7-5760-0462-5	46.00	2021 年 1 月

📖 特色学校聚焦丛书

儿童是天生的探索者：360° 科学启蒙教育	978-7-5675-9273-5	36.00	2020 年 2 月
做精神灿烂的教师：教师自我成长的 5 个密码	978-7-5760-0367-3	34.00	2020 年 7 月
让教育温暖而芬芳	978-7-5760-0537-0	36.00	2020 年 9 月
快乐教育与内涵生长	978-7-5760-0517-2	46.00	2020 年 12 月
故事教育与儿童发展	978-7-5760-0671-1	39.00	2021 年 1 月
美好教育：学校内涵发展的循证研究	978-7-5760-0866-1	34.00	2021 年 3 月
把美好种进儿童心田	978-7-5760-0535-6	36.00	2021 年 3 月
倾听生命的天籁："天籁教育"的实践与探索	978-7-5760-1433-4	38.00	2021 年 9 月
为了每一个孩子的美好心愿	978-7-5760-1734-2	50.00	2021 年 9 月
向着优秀生长："模范教育"的理念与实践	978-7-5760-1827-1	36.00	2021 年 11 月
让个性自然发荣滋长："引发教育"的理论寻源与实践探索			
	978-7-5760-2600-9	38.00	2022 年 3 月

📖 跨学科课程丛书

大情境课程：主题设计与创意评价	978-7-5760-0210-2	44.00	2020 年 5 月
社会参与素养的培育模型与干预机制	978-7-5760-0211-9	36.00	2020 年 5 月
大概念课程：幼儿园特色主题活动设计	978-7-5760-0656-8	52.00	2020 年 8 月
项目学习：进入学科的课程智慧	978-7-5760-0578-3	38.00	2021 年 4 月
STEAM 课程的设计与实施	978-7-5760-1747-2	52.00	2021 年 10 月
幼儿个性化运动课程	978-7-5760-1825-7	56.00	2021 年 11 月
幼儿园特色课程的框架与实施	978-7-5760-2598-9	48.00	2022 年 3 月

📖 核心素养导向的课堂教学丛书

转识成智的课堂教学：核心素养导向的历史教学			
	978-7-5760-0164-8	40.00	2020 年 5 月

学导式教学：学会学习的教学范式	978-7-5760-0278-2	42.00	2020 年 7 月
高阶思维教学的关键技术	978-7-5760-0526-4	42.00	2021 年 1 月
会呼吸的语文课：有氧语文的旨趣与实践	978-7-5760-1312-2	42.00	2021 年 5 月
高阶思维教学的核心指向	978-7-5760-1518-8	38.00	2021 年 7 月
磁性课堂：劳动技术课就这样上	978-7-5760-1528-7	42.00	2021 年 7 月
核心素养导向的作业设计	978-7-5760-1609-3	40.00	2021 年 8 月
语文，让精神更明亮	978-7-5760-1510-2	42.00	2021 年 9 月
"六会"教学法：基于核心素养的课堂教学	978-7-5760-1522-5	42.00	2021 年 9 月

📖 特色课程建设丛书

教师，生长的课程	978-7-5760-0609-4	34.00	2020 年 12 月
学校课程发展的实践范式	978-7-5760-0717-6	46.00	2020 年 12 月
丰富学习经历：如歌式课程的愿景与深度	978-7-5760-0785-5	42.00	2020 年 12 月
学科课程群设计方法	978-7-5760-0579-0	44.00	2021 年 3 月
学校美育课程的立体建构：菁华园课程的逻辑与框架			
	978-7-5760-0610-0	36.00	2021 年 3 月
关键学习素养与学科课程设计	978-7-5760-1208-8	34.00	2021 年 4 月
学校课程设计：愿景建构与深度实施	978-7-5760-1429-7	52.00	2021 年 4 月
生长性课程：看见儿童生长的力量	978-7-5760-1430-3	52.00	2021 年 4 月
"慧阅读"课程：儿童视角	978-7-5760-1608-6	42.00	2021 年 6 月
诗意栖居的课程愿景：智慧岛课程的逻辑与深度			
	978-7-5760-1431-0	44.00	2021 年 7 月
每一个孩子都是最重要的人：V–I–P 课程的内在意蕴与学科视角			
	978-7-5760-1826-4	54.00	2021 年 8 月
给每一个孩子带得走的能力：井养式课程的旨趣与探索			
	978-7-5760-1813-4	42.00	2021 年 10 月
指向核心素养的课程统整框架：I AM BEST 课程的学科之维			
	978-7-5760-1679-6	48.00	2021 年 11 月